김수영, 혹은 시적 양심

차례
Contents

프롤로그

시인의 형형한 눈빛

시인 김수영의 사진을 마주 바라보기란 참으로 곤혹스럽다. 그 형형한 눈빛은 바라보는 이를 압도하고 흐린 눈을 쏘아본

다. 위선으로 버텨내는 머릿속을 투명하게 꿰뚫어보는 눈빛. 나이 마흔여덟에 세상을 떠난 시인 김수영의 죽음에 요절이라는 표현은 적절치 않을는지 모르겠다. 한 시인에 대한 우상화와 신비감은 가끔 때이른 죽음

에서 비롯되기도 하는데, 더욱이 김수영의 경우처럼 절창이라 일컬어지는 「풀」이 마지막 작품이라 할 때 그 안타까움이 배가가 될 수도 있기 때문이다. 하지만 김수영의 죽음이 못내 안타까운 것은 무엇보다도 그의 활화산 같은 정신이 절정에 이르렀던 그대로 지금도 존재하기 때문이다. 열렬한 정신의 높이 그대로, 깊고 퀭한 눈빛 그대로, 시와 삶 사이의 치열한 줄다리기 그대로.

무엇보다도, 김수영의 시를 읽으면 안온했던 일상이 불편하게 느껴진다. 생각해야 할 것을 생각하지 않은 채 살고 있었다는 느낌, 날이 무뎌진 것도 모른 채 무심하게 흘러가고 있었다는 느낌에 섬뜩해진다. 김수영 시 읽기의 진정한 의미는 어쩌면 여기에 있는지 모르겠다.

김수영은 두 개의 얼굴을 가졌다. 그의 시를 읽는 사람들은 누구나 그 점에 공감할 것이다. 누구든 자기 안에서 여러 얼굴을 보게 되는데, 김수영은 누구나 숨기고 싶어 하는 자신의 그 얼굴들을 있는 그대로 드러낸다. 그것은, 지향하는 이상은 저만큼 앞서 있지만 지금 발목을 잡는 자잘한 일상들에서 결코 자유로울 수 없다는 바로 그곳에서 생겨나는 모습들이다. '모래야 나는 얼마큼 적으냐, 바람아 먼지야 풀아 얼마큼 적으냐, 정말 얼마큼 적으냐…… (시 「고궁을 나오면서」)'는 그런 두 얼굴을 숨기지 않는 시다.

자신 안에 있는 여러 자아는 서로 모순되기도 하고 또 서로를 은폐하기도 한다. 이성적이고 기품 있는 자아도 없지 않지만 본능적이고 천박한 자아가 승할 때도 잦다. 속내가 드러날까 전전긍긍하는 것은 이 때문이다. 그런데 김수영은 이 지점에서 다른 높이로 훌쩍 올라선다. 부끄러운 자기 모습을 숨기기보다 적나라하게 드러내면서 자신의 고뇌를 그대로 관통해 나가는 것이다. 시와 세상을 향한 비애 속에서 오히려 자신을 벌거벗겨 투명하게 드러낸다. 바로 이것이 그가 세상에 순수하게 맞서는 방법이다.

김수영의 시를 삶의 언어로 읽게 하는 힘은 여기서부터 시작된다. 먹고사는 일만큼 절박한 일도 없지만 또 가끔 이 일만큼 추레하게 느껴지는 일도 없다. 그래서 '나는 왜 조그만 일에만 분개하는가'라는 시인의 자탄은 자기 자신에 대한 가장 정직한 애증에서 비롯된다. '언론의 자유를 외치고 붙잡혀간 소설가를 위해 외치는' 일에 경외를 보내지만 그 순간의 진심이 지나가버리면 머릿속은 다시 일상의 잡스러운 생각들로 스멀거린다. 그저 눈앞의 소소한 일상에 급급해 하루에도 몇 번씩 '설렁탕집 주인년한테 욕을 하고 푼돈 받으러 몇 번씩 들르는 야경꾼에게 욕을 내뱉으며' 사는 형국에서 벗어나기란 실로 어려운 것이다. 남루한 일상을 향해 욕을 내뱉는 그 순간은 자기모멸에 몸을 떨지만, 그 한 순간을 면죄부 삼아 다시 조그만 일들을 향해서나 분개하고 만다. 비겁한 줄은 그 자신도 안다. 그래서 '절정 위에는 서 있지 않고 암만해도 조금쯤 옆으로 비켜서있다 그리고 조금쯤 옆에 서 있는 것이 조금쯤 비겁한 것이라고 알고 있다!'라고 고백한다. 가슴 속으로는 서늘한 이상을 품었으되 어쩔 수 없이 끈적하고 사소한 일상의 조그만 일들에 분개하며 일상의 탐욕을 좇는 우리는 그래서 누구든 김수영의 시 앞에서 자유롭지 못하다.

김수영을 읽으면 그가 '시인이 아니면 안 되었다'라든지 '천상 시인으로 태어났다'라든지 하는 말은 그다지 필요해 보이지 않는다. 시를 위해 생활을 던져버린 것이 아니라 그 둘 사이의 긴장과 갈등 위에서 중심을 잡기 위해 위태로운 몸짓을 멈추지 않았던 시인임을 잘 알기 때문이다. 그래서, 이상과 일상 사이에서 어느 하나를 놓아버리려고 생각해 보기도 했던 우리는 누구나 김수영의 시 앞에서 자유롭지 못하다.

'성격처럼 지닐 수 있는 일상적 뜨거움'

김수영에 관한 무수한 비판과 찬사의 글 중에서 또렷하게 각인되어 남아있는 문장이 있다. '(김)수영의 뜨거움은 한 인간이 일생에 걸쳐 성격처럼 지닐 수 있는 일상적 뜨거움이다.'[1] 성격처럼 지닐 수 있는 일상적 뜨거움이 어떤 것인지 짐작할 수 있기에 이 문장은 김수영에 관한 최고의 찬사처럼 들린다. 그가 성격처럼 지니게 된 이 일상적인 뜨거움은 무엇보다도 자기 자신을 한 순간도 가만히 놓아두지 않는데서 비롯된다.

여럿이 함께 김수영의 시를 읽으며 마음이 차올라 올 때, 이 일상적인 뜨거움이 어떻게 전염되는가를 느낄 수 있다. 요즘 젊은 학생들이 시를 그다지 즐겨 읽지도 않을 것이고 김수영을 마음에 품을 리는 더욱 만무하다는 짐작이 기분 좋게 빗나갈 때 더욱 그렇다. 그들이 김수영의 시를 읽으며 느끼는 감정은 세간의 허끝에서 횡행하는 말들은 지닐 수조차 없는 순도의 순정을 지니고 있다. 자기 자신만의 눈과 마음으로 김수영의 시를 읽을 때, 시인의 뜨거움은 그들 사이로 흘러든다. 김수영의 폭포 같은 언어들은 '취할 순간조차 마음에 주지 않고 나타懶惰와 안정을 뒤집어놓은 듯(시 「폭포」)' 시를 읽는 그들 사이로 전류처럼 강렬하게 흘러들어 '곧은 소리는 곧은 소리를 부르'는 감전의 순간을 경험하게 한다.

그리하여 다시, 김수영의 시집은 왜 여지없이 많은 이들의 책꽂이에 꽂혀있는가, 글을 읽거나 쓸 때 얄팍한 언어들에서 왜 문득 그의 치열함을 떠올리게 되는가, 왜 김수영 읽기를 권하는가, 이런 질문들을 스스로 다시 던져본다. 시와 산문을 통해 개진한 그의 사상은 심지어 산만하기까지 한데 말이다. 그의 글에는 방향 없이 뜨겁기 만한 열정과 의지와 혼란이 있을 뿐인데 말이다.

실은 그 질문에 대한 답도 짐작하고 있다. 무엇보다도 그의 글은 거친 삼베처럼 마음을 쓸어내린다. '나는 타락해 있는 것이 아닌가, 나는 마비되어 있는 것이 아닌가, 이 극장에 이 거리에 이 자동차에 이 무사에 이 타협에 이 체념에 마비되어 있는 것이 아닌가, 마비되어 있지 않다는 자신에 마비되어 있는 것이 아닌가(산문 「삼동유감」)'를 읽으면 그저 묵묵히 일상에 길들여져 사는 것이 전부는 아닐 수도 있겠다는 생각을 하게 된다. '나는 결코 울어야 할 사람은 아니며 영원히 나 자신을 고쳐가야 할 운명과 사명에 놓여있는 이 밤에 나는 한사코 방심조차 하여서는 아니될 터인데 팽이는 나를 비웃는 듯이 돌고 있다 팽이가 돈다 팽이가 돈다(시「달나라의 장난」)' 같은 시를 읽을 때면 삶이 비루하긴 해도 또 그만큼 성찰적일 수도 있겠다는 생각을 하게 된다. '시를 쓴다는 것은 무엇인가. 시작詩作은 머리로 하는 것이 아니고 심장으로 하는 것도 아니고, 몸으로 하는 것이다, 온몸으로 밀고나가는 것이다(시론「시여, 침을 뱉아라」)' 같은 구절을 읽을 때면 내 안의 타성이 깨져나가는 쾌감과 고통을 느낀다.

그래서 김수영을 읽는다.

삶, 시의 텍스트

문학청년 입성기
-'마리서사', 「묘정의 노래」, 『새로운 도시와 시민들의 합창』

시인이 살아온 삶의 자취를 밟는 일은 그의 시를 이해하는 데 밑그림이 되어주기도 하지만 때로는 불필요한 덧칠이 되기도 한다. 시란 시인이 쓴 것임은 분명하나 동시에 독립적인 존재이기도 해서 그 자체만으로도 생명력을 갖고 있기 때문이다. 따라서 시인의 삶을 대입하거나 추체험하면서 시를 읽는 일은 자칫 시를 이해하는 운신의 폭을 좁히기도 한다. 경험이 시를 이해하는 데에 가장 좋은 벗이기도 하지만 경험 바깥의 것을 놓치게 하는 함정을 갖는 것과 유사하다. 그러나 시의 진실이 삶의 진실과 가까울 때, 삶은 시의 텍스트가 된다. 김수영 시의 경우도 예외는 아니다.

김수영 시인은 1921년 11월 27일 초겨울 무렵, 별자리 사수자리로 태어났다. 서울의 중심인 종로구에서 태어났으니 출생부터 근대적 경계의 시공간을 타고 태어난 셈이다. 가세는 부유하였으나 위로 두 아이를 잃어 노심초사하는 부모님과 조부 아래에서 성장했으며, 어려서부터 총명해 학업에 뛰어났지만 병약했던 자취가 많다.

최하림의 『김수영 평전』에 따르면 시인은 중학교 진학 무렵 큰 병을 앓는 바람에 원하는 학교에 진학하지 못하고 상업학교 야간에 들어간다.[2] 예민하고 섬세한 문학청년의 면모를 보인 점과 고등학교 시절부터 습작을 하며 교지에 발표한 일 등은 여타 시인들과 비슷한 흔적이다. 가세가 기울었을 때 그는 부모님의 바람과는 달리 일본으로 유학을 떠나는데, 이 시기에 시인은 이루지 못할 사랑을 겪기도 한다. 그다지 숫기가 없는 김수영이었지만 연극에 큰 애정을 가져 일본에서 연극학교를 다녔으며 돌아와서는 무대에 연극을 올리기도 했는데, 연극사에 뚜렷한 족적은 남기지 않았으되 그가 후에 '연극을 하다가 문학으로 전향했다'고 회고하듯 이 당시 연극에 대한 그의 애정은 문학에 대한 애정만큼이나 남달랐다는 것을 짐작할 수 있다.

해방공간의 혼란기 속에서 그는 1945년 해방되던 해에 비로소 시를 발표하고 또 시 쓰는 벗들을 만나면서 본격적인 문학의 길로 들어서게 된다. 김수영이 문학청년으로 입성하게 되는 이 시기의 키워드는 '마리서사', 시「묘정의 노래」, 앤솔로지『새로운 도시와 시민들의 합창』이다.

첫째, 김수영은 이 시기에 벗이자 라이벌로 잘 알려진 박인환을 만나고, 유난스러운 애서가인 박인환이 꾸리는 서점「마리서사」를 일종의 시적 자양분의 거점으로 삼게 된다. 그 이름도 매력적인 마리서사(茉莉書舍)의 '말리茉莉'는 시집『군함 말리』에서 가져왔다거나 화가 마리, 로랑생의 이름에서 따온 것이라는 등 의견이 분분하지만 말리茉莉라는 늘푸른나무의 이름이 먼저 환기된다는 점에서 막 시작된 그 당시 문학청년들의 풋풋한 모임에 잘 어울린다. 이 곳에서 김수영은 낯선 여러 예술가들을 만나 시적 감수성이 크게 환기되고 성장하게 되는 계기를 맞게 된다. 지금 그 시절을 바라보면 이십대의 문학청년들이 모여 저마다 뛰는 심장으로 시를 쓰고 그림을 그리고 격앙된 토론을 나누고 세상을 향해 목소리를 높이는, 청춘의 생생한 문화살롱이 상상된다. 김수영 초기의 문학적 감수성 또한 이 분위기에서 크게 영향 받은 것으로 보인다.

둘째, 김수영의 시가 처음으로 1945년 문학지『예술부락』에 실리는데 그 작품이 바로「묘정廟廷의 노래」이다. 제목에서도 느껴지듯 다소 고색창연한 분위기의 이 시는 익히 알고 있는 김수영 시인의 흔적을 발견하기는 어려운 작품이다. 김수영의 시선이나 세계관이 그다지 느껴지지 않는 이 시가 지면에 발표된 김수영의 첫 작품이라는 것은 흥미롭다. 이 작품으로 김수영은 모더니스트 예술가연 하던 마리서사의 벗들에게 비난을 받았다고 하는데, 지금도 김수영 시에 관한 논의는 이 「묘정의 노래」보다는 주로 그 다음 발표된 시 「공자의 생활난」부터 시작되고 있다. 김수영이 시인으로 입성한 과정이 그다지 순조롭지는 않았다는 사실도 새삼스럽지만, 이 첫 작품과 맨 마지막 작품인 「풀」을 비교해서 읽으면 시인의 드라마틱한 시적 성장과 변화가 느껴진다.

셋째, 신시론 동인지 『새로운 도시와 시민들의 합창』(1949)을 펴낸 문학적 사건이다. 이 시집은 1930년대에 이어 한국시에 다시 본격화된 모더니즘 운동을 불러일으킨다. 여섯 명의 젊은 시인들(김경린, 박인환, 김수영, 김병욱, 임호권, 양병식)이 결성해 앤솔러지(사화집)『새로운 도시와 시민들의 합창』을 펴내게 되는데, 패기만만했던 그들이 문학을 향한 자신들의 열정과 도전과 자신감을 담아 이 책을 펴냈을 때 얼마나 들떴을지 짐작할 수 있다. 성취와 한계를 동시에 안고 있는 이 시집은 그때까지의 한국시들과 달랐기에 비판과 옹호가 갈렸다. 이런 시기를 거쳐 문학청년으로 입성한 김수영, 이로부터 꼭 10년 후 김수영은 첫 시집을 펴내게 된다.

끈적한 일상과 서늘한 이상의 줄다리기
– 한국전쟁, '일상과 이상', 『달나라의 장난』

이듬해인 1950년 김수영은 뜻이 잘 맞는 인연을 만나 연을

맺게 된다. 지적 취향이 통하는 김현경과 동거를 시작한 김수영은 문학적 관심과 취미가 같은 여러 문우들과 어울려 시를 얘기하고 그림을 얘기하며 잠시나마 안정된 생활을 한다. 하지만 또다시 역사적 정황들에 의해 예상치도 못한 삶의 국면으로 들어서게 된다. 김수영 시의 일관된 주제인 끈적한 일상과 서늘한 이상 사이의 갈등을 체화하게 되는 이 시기의 키워드들은 한국전쟁, 일상과 이상의 줄다리기, 첫 시집 『달나라의 장난』이다.

첫째, 문학과 사랑에 안착한 지 몇 달만에 일어난 한국전쟁으로 김수영은 자신의 의사와는 무관하게 의용군으로 징집되어 북으로 끌려간다. 이때 김수영이 겪은 자기모멸과 극한적 상황들은 한참동안 그에게 공포로 자리 잡는다. 목숨을 건 탈출극으로 서울로 돌아와 거제도 포로수용소에 수용되고 영어에 능통했던 덕에 이 곳에서 통역병 일을 맡게 되지만, 그 이후에도 포로출신이라는 사실에 시인은 늘 불안해했다. 길지 않으나마 역사의 소용돌이에서 혼돈을 겪고 어렵사리 자기 자리로 돌아왔을 때에는 오랫동안 흠모하던 임화가 숙청되었다는 사실을 접하게 되며 전쟁으로 집을 떠나있는 동안 아내 김현경이 자신을 떠난 사실도 힘들게 받아들여야 했다. 느닷없는 이 일련의 사건들 때문에 김수영은 충격을 받지만 결국은 스스로 이겨낼 수밖에 없는 상황이었다.

둘째, 시인이 삶의 일상과 시의 이상 사이에서 줄다리기를 겪는 시기였다. 자신의 자리를 서서히 찾아가면서 김수영은

13

돈을 벌기 위해 여러 가지 일을 한다. 번역거리를 들고 다니고 신문사에도 취직하게 되는데, 그때마다 그는 돈을 받으러 다니며 밥벌이를 한다는 것이 결코 녹록치 않음을 절감한다. 얼마 후에는 아내 김현경과 재결합하게 되어 모처럼 안정된 가정을 누릴 수 있게 되지만, 안락한 가정은 동시에 최소한의 경제적인 기반 또한 요구하는 것이어서 김수영은 생활을 위한 새로운 일들을 다시 벌이지 않을 수 없게 된다. 대표적인 일은 그의 시에도 드러나듯 닭을 치는 양계업인데, 병아리는 따뜻하고 보드라운 생명체여서 한참동안 시인의 마음을 샀던 듯하다. 삶의 현장이 드러나는 소소하고 애정 어린 생활시들이 이때 씌어지게 된다. 하지만 시인의 마음속에는 이런 일상과 이상 사이의 갈등이 늘 잠재되어 있었다. 눈앞의 일상과 삶이라는 현실이 너무도 끈적해 한 순간도 벗어날 수 없지만 진정 바라는 이상은 자꾸 희미해지고 멀어지는 것 같은 불안감, 그런가 하면 때로는 자신이 지향하는 서늘하고도 달콤한 이상에 탐닉해 빠져 있다보면 자신의 일상과 생활이 불현듯 생경하게 느껴지는 괴리감, 이 두 가지가 김수영에게 있어 늘 이물감처럼 존재했다. 시와 일상은 그에게 있어 결코 뗄 수 없는 하나의 궤도이지만 동시에 양극으로 당기는 줄다리기와도 같은 것이어서 시인은 늘 그 가운데에서 예민해질 수밖에 없었다.

셋째, 1959년 드디어 김수영의 첫 시집 『달나라의 장난』(춘조사)이 나온다. 십여 년간 발표해온 시를 모아 시집을 펴냈을 때의 흥분은 미루어 짐작할 수 있다. 하지만 이 시집은 안타깝게도 시인이 생전에 펴낸 첫 시집이자 마지막 시집이 되었다. 그리고 시집 『달나라의 장난』을 펴낸 이듬해인 1960년부터 김수영의 시는 시대적인 상황의 급물살 속으로 새롭게 나아가게 된다.

자유에는 피의 냄새가
– 4.19 혁명, '시인–지식인', 『김수영 전집』

한 개인에게 있어 역사는 그냥 그 사람의 언저리로 흘러가 버리기도 하지만 누군가에겐 뚜렷이 각인된 자취를 남기기도 한다. 이는 물론 한 개인이 역사적 현실이나 사건을 어떻게 받아들이는가에 따라 크게 달라지는 것이다. 김수영은 일제 식민지와 해방, 한국전쟁, 4.19 혁명 등 굴곡진 역사의 위기를 모두 겪는다. 생래적으로 개인의 자유와 사회 정의에 예민한 이들은 어떤 식으로든 자신의 뜻을 곧게 드러내기 마련인데, 김수영의 시 역시 4.19 직후에 쓴 첫 시 「우선 그놈의 사진을 떼어서 밑씻개로 하자」에서 드러나듯 한결 과격하고 강직해진다. 또한 현실 문제에 본격적인 관심을 가지면서 적극적인 시작 활동과 도전적인 시론을 함께 전개한다.

그런데 그의 글을 읽다보면 때론 지금 김수영의 명성(?)에 비해 그가 시인이자 인간으로서 망설임도 많았고 겁도 적지 않았던 것을 알 수 있다. 하지만 또한 그럼으로써 한 인간이 어떻게 역사적 상황 속에서 성장하고 변화하여 죽비소리 같은 글에 이르게 되는가 하는 궤적을 잘 드러낸다고 할 수 있다. 4.19라는 역사적 사건 이후 김수영에게 있어 그 궤적은 한층 선명해진다. 시와 더불어 김수영의 비평은 매우 가열하며 때로 가혹하기까지 하여 타협을 거부하는 대쪽같은 글들로 도도하게 이어진다. 시의 절정기에 이른 이 시기의 김수영의 키워드는 4.19혁명, '시인-지식인'의 문제, 그리고 사후 『김수영 전집』의 출간이다.

첫째, 김수영의 시가 4.19 이후 크게 달라진 양상은 집중적으로 논의되어 온 바 있다. 그의 일관된 시적 주제인 자유가 생생한 시들로 화수분처럼 끊임없이 솟아오르고 김수영의 대표작으로 꼽히는 작품들이 주로 이 때 씌어진다. 늘 무엇엔가 메마른 갈증 안에서 자기 안의 뜨거움에 쫓기던 시인이 그야말로 물 만난 듯 펄떡이게 된 것이다. 시인은 무엇을 포착해서 시로 쓰려 하는가, 또한 시인은 무엇을 자신의 일로 스스로 규정하는가 등을 진지하게 재고했던 이 시기에 김수영은 그간 잠재되었던 시의 노선을 확고히 하게 된다. 뜨거움과 힘과 속도를 지닌 그의 시들이 쏟아져 나온, 즉 그의 일상과 이상이 합일된 짧은 시기였다고도 할 수 있을 것이다. 그러나 동시에 그는 4.19가 성공한 혁명이 아니라는 것도 깨닫고 있었기에 자기 안의 허무와 비애를 깨끗이 털어버리지는 못했다. 김수영의 시에서 느껴지는 자조와 설움의 정조는 이 갈등에서 비롯된다.

둘째, '시인-지식인' 혹은 '지식인-시인'의 문제에 관한 김수영의 일관된 고민이다. 이 시기에는 한국 문단이 새로운 기반 위에서 활발해지게 되는데 김수영도 이에 큰 활약을 한다. 이어령이나 전봉건 등 명성을 떨치는 문학가들과 지상논쟁을 펼치면서 시란 무엇인가, 시인-지식인의 역할은 무엇인가 등을 한국문단에 새삼 진지하게 제기하고 또 숙고하게 한 것이다. '자기의 죄에 대해서 몸부림은 쳐야 한다. 몸부림은 칠 줄 알아야 한다. 그리고 가장 민감하고 세차고 진지하게 몸부림을 쳐야 하는 것이 지식인이다'라는 입장은 김수영의 시와 산문과 비평 등에서 초지일관 나타나는 주장이다.

한편 시인의 격분이 시대의 흐름 속에서 조금씩 잦아들어가면서 그는 예의 그 이전의 일상과 시 사이의 간극에서 오는 괴리감, 현실과 이상의 줄다리기를 다시 시작한다. 가령, 아내의 강인한 생활력은 자신에게 없는 특별한 능력이긴 하지만 동시에 그악스럽고 천박한 여편네짓이라는 식이다. 그가 가장 두려워한 것은 무사한 일상이었기에 기름기가 돌기 시작하는 가정을 바라보는 것은 고통이었다. 피아노와 라디오 같은 물건들을 갖추어 사는 일은 그로 하여금 '내 몸과 내 노래는 타락했다'고 자조하게 하고 '어제 내가 혁명을 기념한 방 오늘은 기름진 피아노가 덩덩 덩덩덩 울린다'며 자탄하게 했다.

민주화를 갈구하는 외침과 강압적인 독재의 정치권력 사이에서 혼란스러운 역사적 사건들이 이어졌으나 김수영은 흥분과 절망 속에서 안간힘을 쓰는 수밖에 다른 수가 없었다. 시를 통해 통렬한 마음을 드러내는 한편, 시 외에는 달리 행동할 수 없는 자신에 대해 절망하기도 했다. 한곳에 고여 머물러 있는 것을 병적으로 싫어했던 그는 항상 분주했고 항상 초조했으며 항상 안타까워했다. '나도 감히 상상을 못 하는 거대한 거대한 뿌리를 내가 내 땅에 박는' 시를 외치는 한편에선 늘 '나는 협량하다'며 괴로워했다. 그러고는 이 모든 혼돈과 격정의 뒤섞임 속에 김수영은 1968년 초겨울 교통사고로 그만 홀연히 떠나버리고 만다. 정돈되지 않은 채 극점을 향해 내닫는 정신의 궤적과 비상한 속도만을 보여준 것이 어쩌면 가장 김수영다운 것이었는지도 모르겠다.

셋째, 김수영 사후 1974년 시선집 『거대한 뿌리』가 출간되고 본격적으로 1981년 『김수영 전집 ― (1)시詩, (2)산문散文』이 간행되면서, 지금 이 순간까지 김수영은 한국시의 비평적 조명 그 중심에 놓이게 된다.

개진과 은폐, 그 양극의 긴장

　김수영의 정신은 지적 패배주의에 반발한 살아있는 젊은 정신이다, 김수영은 이론과 실천이 고통스럽게 통일되어 사상이 몸을 얻은 진정한 근대적 모더니스트이다, 김수영은 사랑, 자유, 설움, 정직, 양심, 혁명, 성숙의 시인이다, 김수영은 첨예한 현실 인식과 서정성의 줄다리기 한 가운데에서 드물게 성공적으로 위치한 시인이다, 김수영은 실천적 시인과 소시민적 지식인의 괴리감 사이에서 순교한 시인이다…… 김수영 시인을 둘러싼 대표적인 평가들을 풀어서 다시 써보면 이처럼 요약할 수 있을 것이다.

　김수영에 관한 논의들은 대개 찬사와 비판의 양가적 평가들로 나뉘거나, 읽는 이의 호오가 분명한 경우들로 갈린다. 김수영의 한 가지 특징이나 한 편의 시에 대해 비판과 찬사가 팽팽히 공존하기도 하지만, 여러 논의들이 김수영의 마지막 시 「풀」을 인용하면서 시인의 의의를 높이는 데 집중되어 있다. 김수영 시의 키워드를 무엇으로 파악하는가는 독자나 비평가 자신의 세계관을 드러내기도 한다는 점에서 의미가 있는데, 이 입장들이 때로 독자나 비평가 자신의 문학관을 표명하는 것이 된다는 점에서 주목되기도 한다. 오늘의 논의가 어제의 논의를 부정하고 비판하거나 인정하고 수용하면서 나아가게 마련이라면, 김수영에 관한 이 무성한 논의들은 그의 시가 여전히 활발하게 성장하는 과정 중에 있다는 것을 보여주는 예라 할 수 있다.

따라서 김수영의 시는 지금도 여전히 다양하고 새로운 해석이 가능한 시로 읽히고 있다. 물론 어떤 시인도 불변의 각도나 획일적인 시각으로는 잴 수 없는 의미를 함축하고 있기에 여느 경우에도 단정적으로 해석한다는 것이 불가능하지만, 김수영 시의 경우도 단선적으로 파악하기에는 풍부하고 동시에 애매모호한, 즉 어쩌면 영원히 미해결로 남을지도 모르는 의미의 잉여들을 품고 있다. 김수영 시에 대한 논의가 반전되고 또 생장하는 것 또한 이 때문이라고 할 수 있을 것이다.

김수영의 시를 읽을 때 여느 시인의 시보다도 그의 시가 불안정하고 생경하면서도 매번 새롭고 강렬한 것은, 그의 시가 아슬아슬하고 위태로운 절정 위에 서 있거나 정착하지 못하고 서성이면서도 어디론가 빠르게 나아가기 때문이다. 김수영의 시는 정반대의 가치를 지향하면서도 그 두 가치를 동시에 끌어안고 있는 양극의 긴장 위에서 애써 균형을 잡고 있다. 그 균형은 불안한 듯 든든한데, 시인은 이를 '세계의 개진'과 '대지의 은폐' 사이의 긴장이라고 얘기하고 있다. 그는 하이데거의 말을 빌려 '세계의 개진'이 예술작품의 의미적인 것으로서 작품이 여는 세계이자 스스로를 개시하는 '산문'적인 것을 뜻한다면, '대지의 은폐'는 세계를 자신의 한가운데로 끌어들여 자기 자신에게 묶어두고자 하는 '시'에 가까운 것이라고 설명하면서, '세계의 개진'을 향하는 것이 바로 시에 있어서 시인 자신만의 모험이라고 했다. 즉, 자신이 서있는 개진과 은폐의 긴장 위, 세계와 대지의 양극의 긴장 위, 산문적인 것과 시적인 것의 긴장 위, 이것이 바로 시의 본질이라는 것이다. 이는 김수영의 시에서 방房과 거리 사이, 정지와 속도 사이, 적敵과 사랑 사이, 시인과 속인 사이라는 시적 주제들로 변주된다.

방房과 거리 사이

　방안에서 몇날 며칠 생각에만 골몰하다가 문득 거리에 나섰을 때, 생경하고도 밝은 햇빛, 처음 느껴보는 듯한 바람, 자기 자신이 갑자기 전연 다른 존재로 느껴지는 기분을 겪은 적이 있을 것이다. '방'은 자기 존재를 거듭나게 하는 통과제의의 상징적 공간이기도 하지만 거리와 소통되지 않는 고립된 공간이기도 하다. 한편 '거리'는 세계로 문이 난 공간, 낯익은 것들을 새롭게 바라볼 수 있게 하되 안주와 정착은 어려운 공간이다.

　방과 거리는 대립적 공간인 동시에 상응하는 공간이기도 해서 누구든 방과 거리 사이를 왕복하고 선회하며 변화하고 성장해가기 마련이다. 김수영의 시에는 끊임없이 자성하고 숙고하게 하는 '방'의 시들과, 현실을 바라보고 세계를 인식하게 하는 '거리'의 시들이 양립하고 있다. 자기 내면의 의식공간인 방과 대타적인 의식공간인 거리 사이를 오가길 거듭하는 시적 노정은 김수영의 시에 변주되는 중심 주제 가운데 하나이다.

비가 그친 후 어느날 –
나의 방안에 설움이 충만되어 있는 것을 발견하였다

오고 가는 것이 직선으로 혹은 대각선으로 맞닥뜨리는 것 같은 속에서
나의 설움은 유유히 자기의 시간을 찾아갔다

설움을 역류하는 야릇한 것만을 구태여 찾아서 헤매는 것은
우둔한 일인 줄 알면서
그것이 나의 생활이며 생명이며 정신이며 시대이며 밑바닥이라는 것을 믿었기 때문에 –
아아 그러나 지금 이 방안에는
오직 시간만이 있지 않으냐
　　　　　　　　　　　　 –「방안에서 익어가는 설움」 일부

혁명은 안 되고 나는 방만 바꾸어버렸다
나는 인제 녹슬은 펜과 뼈와 광기 –
실망의 가벼움을 재산으로 삼을 줄 안다

23

이 가벼움 혹시나 역사일지도 모르는
이 가벼움을 나는 나의 재산으로 삼았다

혁명은 안 되고 나는 방만 바꾸었지만
나의 입속에는 달콤한 의지의 잔재 대신에
다시 쓰디쓴 담뱃진 냄새만 되살아났지만

방을 잃고 낙서를 잃고 기대를 잃고
노래를 잃고 가벼움마저 잃어도

이제 나는 무엇인지 모르게 기쁘고
나의 가슴은 이유 없이 풍성하다
　　　　　　　　　　-「그 방을 생각하며」 일부

　'방房'의 시들은 '거리'의 시들에 비해 한층 추상적이다. 방
은 몸을 두는 거주의 공간이자 정신이 깃든 의식의 공간으로
시인의 내면 심리와 의식세계를 함축하고 있기 때문이다. 김
수영 시의 방도 거리와 대응되는 공간으로 시인의 내면의식을
형상화하는 '설움이 충만한 심리공간이기도 하고 '내 모든 노
래'를 남기고 온 의미공간이기도 하다.
　시 「방안에 익어가는 설움」에서 방은 더없이 그윽하다. 직
선으로 대각선으로 맞닥뜨리듯 갈등하는 마음속에서 설움은
유유히 방안을 가득 채워간다. 빈 방에 혼자 있어도 가득한 느

낌, 그러나 그는 자신의 생활이며 생명이며 정신이며 시대며 모두 밑바닥이라고 믿기에 이 익숙한 설움을 역류해 거슬러 오르는 그 무엇을 찾아 헤매야 할 것을 잘 안다.

설움은 김수영 시에서 중요한 시어이다. 그의 설움은 마음의 밀도가 가장 높을 때 차오르는 감정이다. 시 「시골선물」에서는 가장 소중하게 두고 온 것이 '설운 마음의 모퉁이'이며, 시 「병풍」에서는 '무엇보다도 먼저 끊어야 할 것은 설움'이고, 시 「거미」에서는 '으스러지게 설움에 몸을 태우는 것은 바라는 것이 있기 때문'이며, 시 「조그마한 세상의 지혜」에서는 '조그마한 세상의 지혜를 배우는 일이 설운 일'이다. 자신의 내면이 가장 충일해질 때 스스로 벅차오르는 감정, 그러나 자신을 가두는 감정이 설움인 것이다. 그래서 '방안에서 익어가는 설움'은 방이라는 공간과 설움이라는 시인의 감정이 가장 농밀하게 만나는 구절이다. 그는 도저히 '고정될 수 없는' 자신의 눈과 정신으로 '설움을 역류하는 야릇한' 그 무엇을 찾기 위해 이 방과 설움을 벗어날 수 있어야 한다는 것을 알면서도 한편으론 그 마지막 설움마저 애틋해 한다. 설움은 그에게 속속들이 밴 감정이기에 마지막 설움까지 보낸 뒤 오히려 허탈해진 가운데 애써 새롭게 시작하려 한다.

그러므로 시 「그 방을 생각하며」에서처럼 '방을 바꾸어' 버리는 것은 자기 자신의 의지나 마음을 바꾸는 것을 의미한다. 방은 나의 정신이고 그 방의 벽은 내 가슴과 사지이지만 혁명이 안 되었을 때 나는 방을 잃고 다른 방으로 옮길 수밖에 없다. 실패한 혁명의 노래를 그 방에 남긴 채 '이유 없이' 메마른 가슴만 지닌 나는 '녹슨 펜과 뼈와 광기와 실망의 가벼움'을 재산으로 삼아 다시 '이유 없이' 기쁜 마음이 된다. 그 방에 내 시와 '나의 모든 노래'를 남기고 왔기에 지금 내 가슴이 아무리 메마르고 '쓰디쓴 냄새'로 가득해도 이제 새로운 방을 새로운 의식의 거처로 얻게 되면서 다시 풍성해질 수 있으리라 마음먹는 것이다. 그것은 어쩌면 그가 혁명에 대해 여전히 품고 있는 '달콤한 의지의 잔재' 때문일 것이다. 그래서 시인은 '내가 혁명을 기념한' 그 순결한 방에 '피아노'라는 '기름진' 물건이 사치스럽게 들어와 앉는 것을 견디기 힘들어하고, 방을 옮기거나 이사해야 하는 일을 마치 자신의 의식이 쫓겨나고 밀려나는 것처럼 인식할 수밖에 없다.

집을 나와 거리로 나섰을 때, 그는 방안의 설움만큼이나 거리의 '달콤한 마음'에 휩싸인다. 그는 거리는 물론 남의 집이나 사무실에 나와 앉아서 생각에 골몰한다. 자신의 방에 칩거하며 생각에 빠져 있다가 거리로 나섰을 때, 시인은 방의 생각을 뒤흔드는 거리의 정신을 새삼 사무치게 느낀다. 방을 벗어나 거리로 나온 시인에게 방밖의 공간은 '거리' '고궁' '도서관' '사무실' '찻집' '남의 집'의 정적인 거리들과, '도회의 중심지' '번잡한 거리 모퉁이' '떠들썩한 도회'의 부산한 거리들로 등장한다. 그는 방과 거리를 끊임없이 오가면서 생각하고 또 다른 세계를 바라보면서 자신을 성찰하고 현실을 직시한다.

팽이가 돈다

어린아해이고 어른이고 살아가는 것이 신기로워

물끄러미 보고 있기를 좋아하는 나의 너무 큰 눈 앞에서

아해가 팽이를 돌린다

살림을 사는 아해들도 아름다웁듯이

노는 아해도 아름다워 보인다고 생각하면서

손님으로 온 나는 이집 주인과의 이야기도 잊어버리고

또한번 팽이를 돌려주었으면 하고 원하는 것이다

도회안에서 쫓겨다니는 듯이 사는

나의 일이며

어느 소설보다도 신기로운 나의 생활이며

모두 다 내던지고

점잖이 앉은 나의 나이와 나이가 준 나의 무게를 생각하면서

정말 속임 없는 눈으로

지금 팽이가 도는 것을 본다

그러면 팽이가 까맣게 변하여 서서 있는 것이다

누구 집을 가보아도 나 사는 곳보다는 여유가 있고

바쁘지도 않으니

마치 별세계別世界같이 보인다

팽이가 돈다

팽이가 돈다

팽이 밑바닥에 끈을 돌려 매이니 이상하고

손가락 사이에 끈을 한끝 잡고 방바닥에 내어던지니

소리없이 회색빛으로 도는 것이

오래 보지 못한 달나라의 장난 같다

팽이가 돈다

팽이가 돌면서 나를 울린다

제트기 벽화 밑의 나보다 더 뚱뚱한 주인 앞에서

나는 결코 울어야 할 사람은 아니며

영원히 나 자신을 고쳐가야 할 운명과 사명에 놓여있는

이 밤에

나는 한사코 방심조차 하여서는 아니 될 터인데

팽이는 나를 비웃는 듯이 돌고 있다

비행기 프로펠러보다는 팽이가 기억이 멀고

강한 것보다는 약한 것이 더 많은 나의 착한 마음이기에

팽이는 지금 수천 년 전의 성인聖人과 같이

내 앞에서 돈다

생각하면 서러운 것인데

너도 나도 스스로 도는 힘을 위하여

공통된 그 무엇을 위하여 울어서는 아니 된다는 듯이

서서 돌고 있는 것인가

팽이가 돈다

팽이가 돈다

―「달나라의 장난」 전문

시 「달나라의 장난」에서 팽이는 낯설고 신비로운 사물로 등장한다. 이 시에서 '나'는 '손님'으로 남의 집에 와서 앉아

있지만 주인과의 얘기도 잊은 채 그 집 마당에서 아이들이 놀이삼아 돌리는 팽이를 무연히 바라보고 있다. 끝없이 회전하며 단순반복적으로 맹렬하게 돌아가는 팽이의 움직임은 순간 그의 시선과 마음을 빨아들이는데, 처음에는 그저 신기로워 바라보던 팽이가 '스스로 도는 힘을 위하여' 돌고 도는 무위의 움직임으로 보이면서 그는 쫓겨다니듯 사는 자신의 일상을 팽이에서 보게 된다. 끝없이 돌아가는 서러운 팽이는 살아가는 모든 것을 그저 '속임 없는 눈으로' 신기롭게 물끄러미 바라보길 좋아하는 그를 울게 한다. 달나라의 장난 같이 신기한 팽이지만 한 자리에 꼿꼿이 서서 돌아가는 팽이의 몸짓은 마치 자기 생존의 몸부림처럼 안타깝게만 보이기 때문이다. 이는 그가 시 「헬리콥터」에서 '헬리콥터'가 비애의 수직선을 그리며 자신을 모조리 투명하게 노출시켜 비상하는 모습을 '자유와 비애의 설운 동물'로 바라보았던 것과 흡사하다.

이 시에는 '팽이가 돈다'라는 구절이 여섯 번 반복된다. 시 전반부에서 팽이와 어울리던 '신기로워' '아름다웁듯이'라는 서술어가 후반부에서는 시인의 마음을 따라 '울린다' '비웃는 듯이' '서러운'들로 바뀌어 간다. 그토록 단순한데 그토록 신기하기만 한 팽이가 그저 묵묵히 돌고 또 돌기만 하자 문득 사는 것이 서럽다는 생각이 울컥 들며 '영원히 나 자신을 고쳐가야 할 운명과 사명에 놓여 있'음을 다시 깊이 새긴다. 마치 '별세계別世界' 같이 느껴지는 다른 이의 집은 또 하나의 거리가 되어 시인 자신을 다시 바라보게 하는 것이다.

이 마음이 시 「휴식」에서는 '남의 집 마당에 와서 마음을 쉬다/ 매일같이 마시는 술이며 모욕이며/ 보기 싫은 나의 얼굴이며/ 다 잊어버리고/ 돈 없는 나는 남의 집 마당에 와서/ 비로소 마음을 쉬다'로 이어지고, 시 「사무실」에서는 '남의 일하는 곳에 와서 아무 목적 없이 앉았으면 어떻게 하리/ 남이 일하는 모양이 내가 일하고 있는 것보다 더 밝고 깨끗하고 아름답게 보이면 어떻게 하리/ 남의 일하는 곳에 와서 덧없이 앉았으면 비로소 설워진다'로 부연된다.

오래간만에 거리에 나와 보니
나의 눈을 흡수하는 모든 물건
그 중에도
빈 사무실에 놓인 무심한
집물 이것저것

누가 찾아오지나 않을까 망설이면서
앉아있는 마음
여기는 도회의 중심지
고개를 두리번거릴 필요도 없이
태연하다
―일은 나를 부르는 듯이
내가 일 위에 앉아 있는 듯이
그러나 필경 내가 일을 끌고 가는 것이다

일을 끌고 가는 것은 나다

-「거리1」 일부

여기는 서울 안에서도 가장 번잡한 거리의 한 모퉁이
나는 오늘 세상에 처음 나온 사람모양으로 쾌활하다
피곤을 잊어버리게 하는 밝은 태양 밑에는
모든 사람에게 불가능한 일이 없는 듯하다
나폴레옹만한 호기豪氣는 없어도
나는 거리의 운명을 보고
달큼한 마음에 싸여서
어디로 가야 할지 모르는 마음—
무한히 망설이는 이 마음은 어둠과 절망의 어제를 위하여
사는 것이 아니고
너무나 기쁜 이 마음은 무슨 까닭인지 알 수는 없지만
확실히 어리석음에서 나오는 것은 아닐 텐데
— 극장이여
나도 지나간 날에는 배우를 꿈꾸고 살던 때가 있었단다

-「거리2」 일부

「거리1」과 「거리2」라는 제목의 이 두 편의 시는 본격적으로 거리에 나선 시인의 흥분과 비애를 드러낸다. 방을 나서 거리에 나온 '나'는 '달큼한 마음'으로 잔뜩 흥분해 들떠 있다. 모든 새로운 물건이 내 눈길을 흡수하고, 누군가를 만나지 않을까 기대하고, 밝은 태양 아래 모든 것이 다 처음인 듯 그저

설렌다. 두 시에 각각 등장하는 '도회의 중심지'와 '서울 안에서도 가장 번잡한 거리의 한 모퉁이'는 나의 '방과 정반대되는 공간들이다. 거리의 속도는 그 밝음과 쾌활함으로 나를 끌고 가면서 새로운 세계를 눈부시게 바라보게 한다. '피곤을 잊어버리게 하는 밝은 태양이 빛나는 이 거리들은 나를 달뜨게 하고 '오늘 세상에 처음 나온 사람 모양으로 쾌활하게 한다.

시인이 예견하는 '거리의 운명'은 '불가능한 일이 없는 듯 보이기에 생생한 기운이 넘치는 이 역동적인 거리에서 시인은 못할 게 없을 것 같은 마음, 지난 날 꿈꾸었던 배우의 꿈까지 되살아나는 기분을 느낀다. 시인에게 이 '거리'는 혁명을 가능하게 하는 거리이고 '방에 새로운 기운을 불어넣어주는 거리이다. 동시에 이 거리는, 일을 끌고 가는 나와 나를 끌고 가는 일 사이의 견제를 느끼게 하는 곳이기도 하다. 자신의 능력과 무능이 동시에 노출되는 곳이기 때문이다. '고개를 두리번거릴 필요 없이 태연하다'고 하면서도 그는 거리에서 긴장하고 있고 또 그 긴장까지 즐기고 있다.

그러나 일견 이 거리의 '거만과 오만이 시인은 불안하다. '도회의 중심지'에 있는 '가장 번잡한 이 거리'들은 이같이 삶의 거점인 동시에 전쟁과 혁명의 격변 속에서 어지러운 영욕을 겪은 곳이기 때문이다. 그래서 그는 거리를 향한 흥분 속에서도 '여기는 좁은 서울에서도 가장 번거로운 거리의 한 모퉁이/ 우울 대신에 수많은 기폭을 흔드는 쾌활/ 잊어버린 수많은 시편을 밟고 가는 길가에/ 영광의 집들이여 점포여 역사여/ 바람은 면도날처럼 날카로웁건만/ 어디까지 명랑한 나의 마음이냐라고 시 말미에 씁쓸하게 덧붙일 수밖에 없었던 것이다.

김수영은 끝내 방과 거리 사이에 서서, 아늑한 방안에서 익어가는 설움도 매혹적인 거리의 달콤한 마음도 모두 안타까움과 그리움으로 바라볼 수밖에 없었다. 시 「구름의 파수병」은 방과 거리를 오가는 그의 갈등과 애틋함을 집약하고 있는 시다.

시를 배반하고 사는 마음이여
자기의 나체를 더듬어보고 살펴볼 수 없는 시인처럼 비참한 사람이 또 어디 있을까
거리에 나와서 집을 보고 집에 앉아서 거리를 그리던 어리석음도 이제는 모두 사라졌나보다
날아간 제비와 같이

날아간 제비와 같이 자국도 꿈도 없이
어디로인지 알 수 없으나
어디로이든 가야 할 반역의 정신

나는 지금 산정에 있다—
시를 반역한 죄로
이 메마른 산정에서 오랫동안 꿈도 없이 바라보아야 할 구름

그리고 그 구름의 파수병인 나.

　　　　　　　　　　　　　－「구름의 파수병」 일부

　'거리에 나와서 집을 보고 집에 앉아서 거리를 그리던 어리
석음'은 한 곳에 머물러 안주하기를 거부하는 김수영의 시정
신을 그대로 드러낸다. 그에게 안주란 '시를 배반하고 사는 마
음'이자 '시를 반역한 죄'였기에 '산정山頂'은 방과 거리를 떠
난 공간이자 방과 거리를 오가던 피로에서 물러나 있는 공간
이면서, 동시에 그 어디에도 투신할 수 없는 시인의 마음이 가
파르게 올라서서 벌 받는 자리이다.

　생래적으로 '어디로이든 가야할 반역의 정신'을 지닌 시인
은 그럼에도 불구하고 끝내 이 산정에서 내려와 방과 거리 사
이를 끊임없이 오가는 시적 노정을 보여준다. 삶과 일상의 뿌
리, 그리고 그것을 뒤흔드는 김수영의 미지와 부정의 정신은
방과 거리의 공간을 오가는 시적 자아를 거쳐 '정지와 속도'
라는 시간 사이에서 갈등하는 것으로 변주된다.

정지와 속도 사이

김수영의 정신은 가볍고 날렵하다. 그의 상상력은 정지한 것을 못 견디는 움직임에의 경주에 있다. 그가 지향하는 것은 까치도 까마귀도 응접 못할 만큼 시꺼먼 가지를 가진 거대한 뿌리이기에, 한 순간도 한 자리에 머물러 있지 않으려 하는 그의 움직임은 부단한 동적 상상력으로 형상화된다. 굵고 시꺼먼 뿌리로 얽어 들어가는 능동적인 힘, 무서운 기색도 없이 번개 같이 떨어져 내려 꽂히는 폭포, 바람보다 늘 먼저 일어나 흔들리는 풀의 몸짓, 이 모두는 속도를 상정하고 있다.

김수영이 '정지의 미'를 몰랐던 것은 아니다. 다만 머물러 사유하기보다는 고군분투하며 움직이고 나아가기를 희구했기에 방과 거리 사이에서 끝없이 자신을 '피로'로 내몰면서도 속도를 향한 열망 또한 감추지 못했다. 때로는 그의 거칠고 직선적인 어조까지도 속도감과 상응한다. 자신과 세계를 적극적인 관계로 인식했던 김수영은 현실이 진보할 수 있으리라는 믿음 속에서 진보와 속도는 병행하는 것이라 믿었던 것이다. 동시에, 태풍의 눈 같은 정지의 힘이 그 핵심에 있다는 것까지도 알고 있었기에 그는 갈등했다. 그리하여 김수영의 시에는 속도와 근대를 의미하는 '첨단의 노래'와 정지와 전통을 의미하는 '정지의 미'가 공존하게 된다.

따라서 시인은 방과 거리 사이에 서 있었던 것처럼 정지와 속도, 전통과 근대 그 사이에 서 있지 않을 수 없었다. 「나의 가족」은 그 갈등을 잘 드러내는 시다. 달큼한 흥분을 주었던 '거리'가 신선한 기운을 쏟아주는 '속도'와 같은 것이라면, 순하고 아득한 가족과 낡은 사랑을 주는 '방'은 애정과 탄식을 가질 수밖에 없는 '정지'라고 할 수 있다.

고색이 창연한 우리집에도
어느덧 물결과 바람이
신선한 기운을 가지고 쏟아져 들어왔다
(중략)

차라리 위대한 것을 바라지 말았으면
유순한 가족들이 모여서
죄 없는 말을 주고받는

좁아도 좋고 넓어도 좋은 방안에서
나의 위대의 소재를 생각하고 더듬어보고 짚어보지 않았
으면

거칠기 짝이 없는 우리 집안의
한없이 순하고 아득한 바람과 물결—
이것이 사랑이냐
낡아도 좋은 것은 사랑뿐이냐

$\qquad$ −「나의 가족」 일부

시 「나의 가족」은 '고색이 창연'한 우리 집이 '신선한 기운'을 막 불러들이기 시작한 즈음, 가족들에 대한 연민과 사랑, 그리고 사랑은 낡아도 좋은 것인가를 자문하는 시다. 지금 이 현실이 놓인 속도의 매력 속에서도 김수영은 '장구한 세월'이 아주 천천히 이루어낸 '지층의 단면처럼 억세고도 아름다운' 정지의 미를 발견한다. 김수영은 가족들이 편안하고 유순하게 '조화와 통일'을 이룬 속에서 유독 속도에 길들여져 속도를 추구하는 자기 자신을 본다. 그러면서 동시에 속도 저 너머에 있는 '고대조각'과 '성스러운 향수'와 '우주의 위대감'과 '나의 위대한 소재'를 갈망하는 또 다른 자아를 느낀다. 나는 '신선한 기운'과 '삽시간의 자극'을 지닌 모든 것들을 향해 욕망을 갖지만 가족들은 정지에 가까운 상태에서도 아주 천천히 행복하게 흘러가고 있음을 알기 때문이다.

'한없이 순하고 아득한 바람과 물결'은 가족과 집안에 흐르는 안정되고 편안한 낡은 사랑의 기운이다. 시인은 '낡은' 것이 가치를 매길 수 없는 것이라는 것을 안다. 편하고 따뜻한 것이기도 하고 변화를 모르는 퇴보이기도 하기 때문이다. 새로운 것을 좇아 속도를 추구하는 김수영의 강한 욕망은 한없이 순하고 부드러운 가족들의 입김에 붙들려 '이것이 사랑이냐 낡아도 좋은 것은 사랑뿐이냐'라는 탄식으로 갈등하게 된다.

    종로 네거리도 행길에 가까운 일부러 떠들썩한 찻집을 택하여 나는 앉아있다
    이것이 도회 안에 사는 나로서는 어디보다도 조용한 곳이라고 생각하고 있기 때문이다
    그러한 나의 반역성을 조소하는 듯이 스무 살도 넘을까 말까 한 노는 계집애와 머리가 고슴도치처럼 부스스하게 일어난 쓰메에리의 학생복을 입은 청년이 들어와서 커피니 오트밀이니 사과니 어수선하게 벌여놓고 계통 없이 처먹고 있다
    (중략)
    서울에 돌아온 지 일주일도 못 되는 나에게는 도회의 소음과 광증狂症과 속도와 허위가 새삼스럽게 밉고 서글프게 느껴지고
    그러할 때마다 잃어버려서 아깝지 않은 잃어버리고 온

모자생각이 불현듯이 난다

　저기 나의 맞은편 의자에 앉아 먹고 떠들고 웃고 있는 여
자와 젊은 학생을 내가 시골을 여행하기 전에 그들을 보았
더라면 대하였으리 감정과는 다른 각도와 높이에서 보게 되
는 나는 내 자신의 감정이 보다 더 거만하여지고 순화되어
진 탓이라고는 생각하지 않는다

　나는 구태여 생각하여본다

　그리고 비교하여본다

　나는 모자와 함께 나의 마음의 한 모퉁이를 모자 속에 놓
고 온 것이라고

　설운 마음의 한 모퉁이를.

-「시골선물」 일부

　「시골선물」은 시인의 진술한 고백과 더불어 방과 거리, 속
도와 정지, 그리고 전통과 근대의 문제들이 고루 드러나는 시
다. '나'는 도회지의 떠들썩한 찻집에서 한 쌍의 남녀가 과자
와 과일을 어수선하게 벌여놓고 먹어대는 것을 바라보며 그들
과는 전연 대조적인 '갈색 겨울모자'의 기억을 떠올린다. 그
남녀와 겨울 모자로 대비되는 상반된 가치는 '도회와 천박한
젊은애들'과 '시골과 내 설운 마음의 모퉁이'를 상징한다.

　지금 내가 앉아 있는 곳은 서울에서도 '종로 네거리 행길'
'소음과 광증과 속도와 허위'의 '화려한 거리'이고 '노는 계집
애와 고슴도치 청년이 계통 없이 처먹어대는' 떠들썩한 찻집,

신과 하나님의 이야기를 고루하다며 비웃은 천박한 술친구를 떠올리게 하는 곳인데 반해, 갈색 겨울모자를 두고 온 시골은 '협곡에서 백여 리나 떨어진 광산촌'이자 '유행에서도 훨씬 뒤떨어진 부끄러운 모자를 써도 무관한', 즉 도회와는 전연 대조적인 곳이다. 이 도회에는 어울리지 않지만 내 존재의 진정한 한 부분 같은 겨울모자는 '내 설운 마음의 한 모퉁이'처럼 애틋하기만 한데, 그것은 시골과 서울, 정지와 속도, 전통과 근대라는 상반된 가치들에서 전자의 의미를 상징하는 비유라 할 수 있다. 만약 시골에 다녀오지 않았더라면 지금 눈앞의 젊은 남녀를 이렇게 역겹게 바라보지는 않았으리라는 고백은 시골 여행을 통해 시인이 귀하고도 순한 정지의 미를 새삼 다시 느낀 때문일 것이다. 그는 그곳에 자기 마음의 한 모퉁이를, 즉 가장 순도 높은 설움의 한 모퉁이를 마치 모자를 두고 오듯 두고 온 것이다.

그럼에도 '한없이 순하고 아득한 바람과 물결'과는 반대 방향으로 치닫는 격렬한 속도와 힘에 대한 매혹은 그의 대표시들에서 잘 드러난다.

폭포는 곧은 절벽을 무서운 기색도 없이 떨어진다

규정할 수 없는 물결이
무엇을 향하여 떨어진다는 의미도 없이
계절과 주야를 가리지 않고

고매한 정신처럼 쉴 사이 없이 떨어진다

금잔화도 인가도 보이지 않는 밤이 되면
폭포는 곧은 소리를 내며 떨어진다

곧은 소리는 소리이다
곧은 소리는 곧은
소리를 부른다

번개와 같이 떨어지는 물방울은
취할 순간조차 마음에 주지 않고
나타懶惰와 안정을 뒤집어놓은 듯이
높이도 폭도 없이
떨어진다

-「폭포」 전문

읽는 것만으로도 폭포의 세찬 물살 아래 혹은 매운 청죽비 아래 서 있는 느낌이다. 폭포는 가장 강하고 가장 빠른 물이다. 폭포는 어떤 타협도 망설임도 거부하는 시인의 곧은 정신을 선연히 드러내는 비유다. 그것은 반복과 단문으로 이루어진 언어들의 힘찬 속도감에서 한층 강조된다. 네 연이 똑같이 '떨어진다'로 끝나며 '곧은'은 주문처럼 반복된다.

이 시에서 폭포는 더할 수 없이 비장하다. 무서운 기색도 없고 계절과 주야를 가리지도 않으며 번개처럼 나타와 안정을 뒤집을 듯 높이도 폭도 없이 내려 꽂힌다. 아무것도 보이지 않는 밤이 되어 폭포를 볼 수조차 없어도 폭포는 그 어둠 속에서 곧은 소리로 자신의 존재를 증명한다. 김수영은 폭포처럼 산산이 부서져 떨어져 내릴지라도 절벽으로 치달아야 한다고 생각한다. 그것은 '곧은 절벽'을 향한 것이기 때문이며 수직으로 떨어지는 폭포의 곧은 외침만이 곧은 소리를 이어서 또 이어서 부를 수 있다고 믿기 때문이다.

김수영에게 '나타와 안정'은 고여 있는 것이고 정지된 것이다. 한순간도 멈추지 않고 자신을 비롯한 모든 이들을 질타하며 밀어붙이고자 했던 그는 거센 속도를 지향한다. 그래서 그는 곧고 고매한 폭포의 정신을 '쉴 사이 없이' '번개와 같이' '취할 순간조차 주지 않고'라는 속도와 긴밀한 것으로 인식한다. 폭포의 의미를 규정할 수도 없고 그것이 무엇을 향한 것인지 알기 이전부터 김수영에게 폭포의 힘과 속도는 상생하는 것이었다.

눈은 살아있다
떨어진 눈은 살아있다
마당 위에 떨어진 눈은 살아있다

기침을 하자
젊은 시인이여 기침을 하자

눈 위에 대고 기침을 하자
눈더러 보라고 마음놓고 마음놓고
기침을 하자

눈은 살아있다
죽음을 잊어버린 영혼과 육체를 위하여
눈은 새벽이 지나도록 살아있다

기침을 하자
젊은 시인이여 기침을 하자
눈을 바라보며
밤새도록 고인 가슴의 가래라도
마음껏 뱉자

-「눈」 전문

시 「폭포」와 흡사한 감동으로 마음을 움직이는 시다. 이 시의 '눈'은 중의적이다. 젊은 시인의 순결한 의지를 상징하듯 하얗게 내려쌓인 흰 눈(雪)이기도 하고, 세상을 바로보고자 깨어있는 이의 눈(目)이기도 하다. 1연과 3연은 짝을 이루어 '살아있다'를 반복하며, 2연과 4연 또한 짝을 이루어 '기침을 하자'를 반복한다. 살아있는 눈더러 보라고 일말의 부끄러움 없이 마음 놓고 기침을 하자며 젊은 시인을 북돋다가 맨 끝 행에서는 '가슴의 가래라도 마음껏 뱉자'는 강렬한 외침으로 맺는다.

1연 1행의 '눈'이 2행에서는 '떨어진 눈', 3행에서는 '마당 위에 떨어진 눈'으로 구체화된다. '내린' 눈이 아니라 '떨어진' 눈이기에 온몸으로 자신을 내던지는 폭포의 몸짓과 유사하다. 2연 1행의 '기침을 하자'는 2행에서 '젊은 시인이여 기침을 하자', 3행에서는 '눈 위에 대고 기침을 하자', 4행에서는 '눈더러 보라고 마음놓고 마음놓고 기침을 하자'로 뻗어나간다. 눈은 새벽이 지나도록 펄펄 살아서 젊은 시인의 곧고 열정적인 기침소리를 들으며 시인의 가슴에 밤새 고인 고뇌의 가래를 받아낸다. 가래는 순수한 눈의 이미지와 극단적으로 대비되지만 젊은 시인들의 가슴속에서 밤새 가래가 되도록 고뇌한 쓰라린 시간들을 생생히 연상하게 한다. 떨어져 살아있는 눈과 젊은 시인의 기침소리는 마치 공모라도 한 듯 새벽이 지나도록 함께 또렷이 살아있다.

그래서 폭포가 절벽에서 떨어진 곧은 물이라면 눈은 마당에 떨어진 살아있는 물이다. 젊은 시인에게 나타와 안정에 취할 순간조차 주지 않는 눈과 기침의 시, 이 시 역시 정신의 속도, 리듬의 속도, 연상의 속도가 모두 상응한다. 정지란 멈춰 있는 것이며 이는 곧 죽은 것과 다름없다는 생각이 김수영을 속도로 내닫게 한 것이다. 이렇게 볼 때 시 「풀」도 속도와 관련이 깊은 시이다.

풀이 눕는다

비를 몰아오는 동풍에 나부껴
풀은 눕고
드디어 울었다
날이 흐려서 더 울다가
다시 누웠다

풀이 눕는다
바람보다도 더 빨리 눕는다
바람보다도 더 빨리 울고
바람보다 먼저 일어난다

날이 흐리고 풀이 눕는다
발목까지
발밑까지 눕는다
바람보다 늦게 누워도
바람보다 먼저 일어나고
바람보다 늦게 울어도
바람보다 먼저 웃는다
날이 흐리고 풀뿌리가 눕는다

-「풀」 전문

시 「풀」은 김수영의 시 가운데 가장 잘 알려진 시다. 끈질긴 생명력으로 질기게 견뎌나가는 '풀'의 생리에서 민중의 모습을 읽고, 동풍과 비바람을 외세 혹은 정치적인 압제의 상징으로 파악하는 것이 가장 익히 알려진 해석이다. 이 해석은 시의 몇몇 구절에 의해 저지되기도 한다. 풀이 비를 몰아오는 바람과 흐린 날을 싫어해 울 리가 없으리라는 짐작, '나부껴'와 '드디어'도 부정적이라기보다는 기다림의 긍정적인 표현으로 볼 수 있으리라는 제안, 바람보다 더 빨리 눕고 일어나고 울고 웃는 것이 꼭 승리의 의미가 되지는 못하리라는 의문 때문이다. 그래서 풀을 민중의 상징으로 읽지 않는 독자들은 풀의 생태가 비와 바람과 어울려 이루는 자연의 한 풍경을 보기도 하고, 풀과 바람의 반복되는 시어 자체의 결을 즐기면서 바람에 불리는 풀밭의 시각적인 즐거움을 체험하기도 하며, 바람에 흔들리는 풀에서 부드러운 생명의 힘을 느끼거나, 넓은 풀밭 한 가운데 서서 발아래에서 나부끼는 풀의 촉감을 상상하는 것으로 읽기도 한다.

시 「풀」은 정지와 속도라는 시각에서도 다시 새롭게 해석될 수 있다. 즉, 이 시는 '먼저'와 '빨리'라는 속도에 관한 표현들이 매우 중요하게 강조되는 시다. 더욱이 조직적인 리듬과 운율뿐 아니라 압축과 상징의 단시 형태로 이루어져 있어 시인이 지향하는 속도감에 상응한다. 이 시에서 세 연은 '풀이 눕는다'를 공통항으로 매연 새로운 동사를 추가해나간다. 1연은 '눕는다 // 울다', 2연은 '눕는다/ 일어나다 // 울다', 3연은 '눕는다/ 일어나다 // 울다/ 웃다'이다. 새로운 동사가 추가되면서 반복과 병렬은 단조로움에 빠지지 않고 강조와 주술의 의미를 획득해간다. 또한 추가되는 동사들이 적극적이고 힘찬 행위들이어서 한층 속도감을 붙여가며, 풀이 누워서-울다가-일어나서-웃는 과정이 점진적인 반복과 대조로 속도감 있게 진행된다.

이 동사들을 이끄는 것은 무엇보다도 시간성을 나타내는 부사어들이다. 풀은 2연에서 바람보다 더 빨리 눕고 더 먼저 일어나며, 3연에서는 바람보다 늦게 누워도 먼저 일어나고 늦게 울어도 먼저 웃는다. 풀은 바람보다 동작도 '빨리' 하고 행동도 '먼저' 한다. 풀은 늦게 누워도 먼저 일어나니 누워 있는 시간도 짧고, 늦게 울어도 먼저 웃으니 우는 시간도 짧다. 소극적이고 패배적인 행위보다는 긍정적이고 희망적인 행위에 한층 적극적인 풀의 움직임에서 이 시의 속도감은 더해진다. 이 시의 맨 끝 행에서 '풀뿌리'까지 눕더라도 끝내 풀이 다시 '빨리' 일어나 '먼저' 웃으리라는 확신을 갖게 되는 것은 바로 이 때문이다.

김수영은 정지된 시간과 정체된 시간을 부정하며 시간의 존재를 느끼는 그 짧은 순간마저 태만과 정지로 생각하기에 끊임없이 자기를 내몬다. 그는 '확실히 규정할 수 없어도' 마치 '혁명'같이 빠른 속도로 현재와 미래를 실천해나가야 한다는 강박관념을 갖고 있었다. 그러나 또한, 방과 거리를 오가면서도 그 양쪽 모두를 동시에 지향할 수밖에 없듯이 정지와 속도의 양극에서 그 둘을 지향해 갈 수밖에 없는 것을 알고 있었다. 그래서 시인은 오히려 정지된 시간과 속력의 시간 사이에서 현기증 나는 의식의 평형을 찾기도 했다.

나는 너무나 많은 첨단의 노래만을 불러왔다
나는 정지의 미에 너무나 둔한하였다
나무여 영혼이여
가벼운 참새같이 나는 잠시 너의
흉하지 않은 가지 위에 피곤한 몸을 앉힌다
성장成長은 소크라테스 이후의 모든 현인들이 하여온 일
정리整理는
전란에 시달린 20세기 시인들이 하여놓은 일

-「서시」 일부

이런 경이는 나를 늙게 하는 동시에 젊게 한다
아니 늙게 하지도 젊게 하지도 않는다
이 다리 밑에서 엇갈리는 기차처럼
늙음과 젊음의 분간이 서지 않는다
다리는 이러한 정지停止의 증인이다
젊음과 늙음이 엇갈리는 순간
그러나 속력과 속력의 정돈停頓 속에서
다리는 사랑을 배운다
정말 희한한 일이다
나는 이제 적을 형제로 만드는 실증을
똑똑하게 천천히 보았으니까!

-「현대식교량」 일부

위의 「서시」에서 가장 눈에 띄는 구절은 '나는 너무나 많은 첨단의 노래만을 불러왔다 /나는 정지의 미에 너무나 등한하였다'이다. 이는 「현대식 교량」에서는 '속력과 속력의 정돈 속에서 다리는 사랑을 배운다'라는 구절로 변주되며, 「절망」에서는 '속도는 속도를 반성하지 않는다'라는 구절로 이어진다. 이들 시는 정지와 속도 사이에서 갈등하면서도 그 모두를 수용할 수밖에 없는 시인의 모습을 드러낸다. 모더니스트로서 김수영이 불러온 '첨단'의 노래는 속력과 젊음과 미래의 시간을 담고 있으며, 그가 등한했던 '정지'의 미는 과거시간과 전통과 늙음을 내포한다. 그는 첨단만을 노래하고 정지에 등한해왔으나 '첨단의 성장'이 '현인'들의 일이라면 '정지와 정리'는 시인의 일임을 새삼 깨닫는다. 김수영은 속도와 첨단에서 '명령의 과잉'을 발견하고는 지금까지 자신이 첨단의 노래라고 여기고 부른 노래들이 모두 '명령의 과잉'에 복종할 '부엉이의 노래'이고 '지지한 노래'이며 '더러운 노래'이고 '생기없는 노래'일지도 모른다고 생각하기에 이른다.

그는 캘리포니아에서 온 번쩍이는 서적(시 「가까이 할 수 없는 서적」), 네이팜탄(시 「네이팜탄」), 엔카운터지(시 「엔카운터지」), 현대식 교량(시 「현대식 교량」), VOGUE(시 「VOGUE야」), 아메리카타임지(시 「아메리카타임지」) 등 근대적 표상들의 속도에서 멀미를 느꼈다. 꽃이 피어나는 찰나적 순간을 '과거와 미래에 통하는 견고한 꽃이 찬연하게 피어오르는 순간(시 「꽃2」)'으로 인식할 수 있었던 것처럼, 그는 젊음과 늙음이 엇갈리는 순간, 속력과 속력의 정돈이 만나는 그 순간을 사랑을 배우는 영원한 순간으로 깨닫는다. '속도'가 곧 '첨단'의 노래이기만 했던 시인에게 '정지'의 미에 대한 생각이 적극적으로 들어서는 지점이다.

이러한 생각이 가장 강하게 드러나는 시는 「거대한 뿌리」이다. 이 시에서 그는 속도와 혁명으로 빠르게 나아가기 위해 '전통'이라고 통칭하는 시간과 공간과 풍속과 역사를 모두 부정해왔지만 끝내는 이들을 향해 폭발하는 애정을 드러낸다.

> 전통은 아무리 더러운 전통이라도 좋다 나는 광화문
> 네거리에서 시구문의 진창을 연상하고 인환네
> 처갓집 옆의 지금은 매입한 개울에서 아낙네들이
> 양잿물 솥에 불을 지피며 빨래하던 시절을 생각하고
> 이 우울한 시대를 파라다이스처럼 생각한다
> 버드 비숍여사를 안 뒤부터는 썩어빠진 대한민국이
> 괴롭지 않다 오히려 황송하다 역사는 아무리
> 더러운 역사라도 좋다
> 진창은 아무리 더러운 진창이라도 좋다
> 나에게 놋주발보다도 더 쨍쨍 울리는 추억이
> 있는 한 인간은 영원하고 사랑도 그렇다
>
> 비숍 여사와 연애를 하고 있는 동안에는 진보주의자와
> 사회주의자는 네에미 씹이다 통일도 중립도 개좆이다
> 은밀도 심오도 학구도 체면도 인습도 치안국

으로 가라 동양척식회사, 일본영사관, 대한민국 관리,
아이스크림은 미국놈 좆대강이나 빨아라 그러나
요강, 망건, 장죽, 종묘상, 장전, 구리개 약방, 신전,
피혁점, 곰보, 애꾸, 애 못 낳는 여자, 무식쟁이,
이 모든 무수한 반동이 좋다
이 땅에 발을 붙이기 위해서는
—제3인도교의 물 속에 박은 철근기둥도 내가 내 땅에
박는 거대한 뿌리에 비하면 좀벌레의 솜털
내가 내 땅에 박는 거대한 뿌리에 비하면

괴기영화의 맘모스를 연상시키는
까치도 까마귀도 응접을 못하는 시꺼먼 가지를 가진
나도 감시 상상을 못하는 거대한 거대한 뿌리에 비하
면……

　　　　　　　　　　　　—「거대한 뿌리」 일부

　자기 자신을 타자로 보는 것은 쉬운 일이 아니다. 김수영
은 이 땅 안에서 우리 자신을 타자로 볼 수 있는 능력이 있었
다. 그렇다고 그가 '더러운 전통과 진창과 역사'를 향해 억지
스러운 애정을 쏟았던 것은 아니다. 그는 이 땅의 전통과 진창
과 역사를 비판적으로 바라보고 사랑하는 것이 가능했던 시인
이다. 또한 이 점은 훗날 김수영 초기의 피상적이고 '포우즈'
뿐이었던 인식이 모더니즘과 근대성의 의의를 체득하고 육화

해가는 과정으로 해석된다. 초기시 「아버지의 사진」에서 아버지의 사진을 마치 '편력遍歷의 역사'라도 보듯 숨어서만 바라보았던 시인은 이제 이 땅의 역사를 아프게나마 정면으로 바라볼 수 있게 된 것이다.

김수영의 시에서 물의 상상력이 흐르는 것이 아니라 내려 꽂히는 폭포로 드러났다면, 나무의 상상력은 비상이 아니라 거대한 뿌리, 검고 굵은 뿌리로 땅에 얽어 들어가는 동적인 힘으로 형상화된다. 그것은 바로 내가 내 땅에 박는 애정과 자긍의 뿌리에서 시작되기 때문이다. 이 시 「거대한 뿌리」는 이 같은 동적인 상상력의 전개에 힘입어 뒷부분으로 읽어나갈수록 새로운 기운이 차오르는 시다.

'시구문의 진창' '개울에서 양잿물 솥에 불을 지펴 빨래하던 그 우울한 시절'을 시인은 오히려 '파라다이스'라 생각한다. 그것은 이사벨 버드 비숍의 책을 읽은 것을 동기로 시작된다. 시인은 이를 '이사벨 버드 비숍여사와 연애하는 동안'이라고 반어적으로 표현하고 있지만, 실은 이사벨 버드 비숍의 책에서 우리 것에 대한 은근한 혐오와 신기한 듯 무시하며 이 땅의 전근대적인 풍경들을 구경하는 우월감의 태도를 진작 느끼고 있었기 때문이다.

그는 이 시에서 '요강, 망건, 장죽, 종묘상, 장전, 구리개 약방, 신전, 피혁점, 곰보, 애꾸, 애 못 낳는 여자, 무식쟁이'를 하나하나 손꼽아 들며 '전통은 더러운 전통이라도 좋다, 역사는 아무리 더러운 역사라도 좋다'를 외치기에 이른다. 「가장 아름다운 우리말 열 개」라는 산문에서도 그는 아름다운 우리말로 '마수걸이, 에누리, 색주가, 은근짜, 군것질, 총채, 글방, 서산대, 벼룻돌, 부싯돌'을 든 바 있다. 이들은 아름다운 우리말이기도 하지만 우리 고유한 것이자 낡은 것이기도 하다. 김수영은 모던하고 날렵한 현대적인 것들을 지향하면서도, 전통이 아무리 '더러운 진창'일지라도 그것이 '내가 뿌리를 박는 내 땅'의 것이기에 사랑하지 않을 수 없다는 가치를 적극 받아들이게 된 것이다.

거칠고 격하며 직선적인 어조와 '시꺼먼 가지를 가진 거대한 뿌리'의 이미지가 상응하면서 시인이 지향하는 바는 더욱 선명해진다. 정지와 전통과 역사라는 이름을 가진 우리의 것들이 설령 '무수한 반동'일지라도 그 모든 것이 '내 땅'의 것을 파고드는 거대한 뿌리임을 인식하자 현대식 교량의 철근 기둥마저 '좀벌레의 솜털'처럼 보일 뿐이다. 저들의 눈에는 '기이한 관습'을 가진 더럽고 썩어빠진 이 땅일지라도 내가 이 땅에 박는 거대한 뿌리는 누구도 감히 상상을 못할 만큼 거대巨大한 것이며, 아무리 더러운 전통이고 아무리 더러운 진창이고 아무리 더러운 역사라도 좋다고 목청을 높이는 것이다.

생명력을 추동하는 '속도'와 한없이 순하고 아득한 '정지' 그 사이에 김수영은 서 있다. 비상, 하강, 직하, 속도 등 자유롭고 강한 움직임으로 정지할 줄 모르는 정신과, 흐르다가도 멈춰 자기를 성찰하며 '놋주발보다도 더 쨍쨍 울리는 추억을 지난' 정지의 힘, 김수영의 시에는 이 두 지향이 공존하고 있다. 그것은 속도가 이루어낸 '첨단의 노래'와 세월이 이루어낸 지층의 단면 같은 억세고도 아름다운 '정지의 미'를 함께 발견하게 된 때문이다.

적과 사랑 사이

　　김수영은 인간에 대해 애정과 기대가 많은 시인이었다. 역사와 세계를 향해 체득한 사랑이란 실은 가까이 있는 사람들에 대한 사랑에서부터 성장한 것이듯, 김수영의 사랑도 가족에 대한 사랑으로부터 확대되어 간 것임을 읽을 수 있다. 그러나 사랑이란 증오 혹은 염오를 자주 동반하기도 하기에 사랑이라는 감정과 사랑하는 대상의 '정체'를 알기란 쉬운 일이 아니다. 그것은 오히려 때로 적敵으로 여겨지기도 한다.

　　김수영의 시에서 '적'은 정치사회적 맥락에서 그 함의를 해석하기도 하지만 실상 그런 해석과는 다소 거리가 있다. 추상적인 대상으로부터 구체적인 인물까지, 증오의 대상으로부터 애정의 대상까지, 그리고 자아와 타아로 이중화된 자신의 모습까지 모두 '적'으로 표현하고 있다. 오히려 가장 치열하고 강렬한 사랑의 시들 뒤에서 적의 그림자가 가장 강하게 느껴지기도 한다. 그의 시에서 적은 바로 우리들 곁에 있으며 곧 '우리'이기도 하다. 때론 우리가 사랑하는 사람들이고 우리들 곁의 누구이며 우리의 희생을 강요하는 가족, 가끔은 '여편네'이다. 앞모습은 분명히 적이나 뒷모습은 적이 아니며, 어제의 적은 없고 오늘의 적은 무거우나 내일의 적은 가벼울지도 모르며, 적과의 전선은 눈에 보이지는 않지만 집과 직장과 동리가 다 전선이기도 하다.

　　우리들의 적은 늠름하지 않다
　　우리들의 적은 커크 더글러스나 리처드 위드마크모양으
　로 사나웁지도 않다
　　그들은 조금도 사나운 악한이 아니다
　　그들은 선량하기까지도 하다
　　그들은 민주주의를 가장하고
　　자기들이 양민이라고도 하고
　　자기들이 선량이라고도 하고
　　자기들이 회사원이라고도 하고
　　전차를 타고 자동차를 타고
　　요릿집엘 들어가고
　　술을 마시고 잡담하고
　　동정하고 진지한 얼굴을 하고

바쁘다고 서두르면서 일도 하고

원고도 쓰고 치부도 하고

시골에도 있고 해변가에도 있고

서울에도 있고 산보도 하고

영화관에도 가고

애교도 있다

그들은 말하자면 우리들의 곁에 있다

우리들의 전선戰線은 눈에 보이지 않는다

그것이 우리들의 싸움을 이다지도 어려운 것으로 만든다

우리들의 전선은 됭케르크도 노르망디도 연희고지도 아

니다

우리들의 전선은 지도책 속에는 없다

그것은 우리들의 집안 안인 경우도 있고

우리들의 직장인 경우도 있고

우리들의 동리인 경우도 있지만……

보이지는 않는다

－「하……그림자가 없다」일부

이쯤 되면 누구나 다 '적'이다. 하지만 적이 우리들 곁에 분명 있지만 전선戰線조차 보이지 않는다는 사실이 '우리들의 싸움을 이다지도 어려운 것으로 만든'다. 이 시에 나타나는 적은 곰곰 읽다보면 우리들 자신이다. 늠름하고 사납기는커녕 더없이 선량한 양민이자 회사원으로 평범한 하루하루를 사는 우리들이다. 전차나 자동차를 타고 다니며 술 마시고 잡담하며 누군가를 동정하고 때론 진지한 표정으로 담소를 나누며 바삐 일하고 원고도 쓰고 돈도 모으며 애교까지 있고 시골에도 서울에도 영화관에도 어디에나 늘비하게 있는 바로 우리들이다. 일상 속에서 평범하게 살아가는 자기 자신이 적인 것이다. 그리고 보면 김수영의 싸움은 일관된다. 자신 안에 있는 또 다른 자신과의 싸움이다. 그러니 집안이고 직장이고 동리고 눈돌리는 어디나 너나없이 적으로 가득하다.

그래서 김수영은 설령 적이 '하…… 그림자가 없'을지라도 우리는 '언제나 적과 싸우고 있고' 그 '싸움은 쉬지 않는다'고 말한다. 그 무엇이 모든 것이면 마치 아무 것도 아닌 것과 똑같이, 적은 모두이기에 아무도 아니며 따라서 적은 정체가 있을 수 없다.

> 더운 날
> 적敵이란 해면海綿 같다
> 나의 양심과 독기를 빨아먹는
> 문어발같다
>
> 흡반 같은 나의 대문의 명패보다도
> 정체 없는 놈
> 더운 날
> 눈이 꺼지듯 적이 꺼진다

김해동— 그놈은 항상 약삭빠른 놈이지만 언제나
부하를 사랑했다
정병일— 그놈은 내심과 정반대되는 행동만을
해왔고, 그것은 가족들을 먹여살리기 위해서였다
더운 날
적을 운산運算하고 있으면
아무 데에도 적은 없고

-「적」 일부

   그의 시에는 「적敵」이라는 제목을 가진 시가 세 편이 있다. 물론 그 시들에서 적은 모두 내면의 적이기도 하고 외부의 적이기도 하다. 가장 가까운 존재이기도 하고 가장 사랑하는 존재이기도 하다. 내 존재를 가족과 가부장의 이름으로 빨아들이는 정체모를 '대문의 명패'보다도 더 대책없이 '정체없는 놈'이기도 하다.

   하지만 해면 같고 문어발 같고 흡반 같은 적이지만, 어느 순간 적은 눈 녹듯 꺼져 버린다. 적들을 하나씩 운산해볼 때 생각하면 할수록 적들은 제각기 적이 아닌 이유를 달고 사라져 버린다. 그래서 적은 늘비하지만 막상 적은 없고, 어제까지의 적이 꼭 오늘의 적은 아니다. 김수영의 적은 오히려 정치 사회적 맥락의 '적'이라기보다 가까운 사람들에 대한 애증의 호칭 같이 들린다. 시인은 적을 운산한다고 하면서도 이미 적을 이해하고 있으며 적의 입장을 합리화하기까지 한다.

우리는 무슨 적이든 적을 갖고 있다
적에는 가벼운 적도 무거운 적도 없다
지금의 적이 제일 무거운 것같고 무서울 것같지만
이 적이 없으면 또 다른 적-내일
내일의 적은 오늘의 적보다 약할지 몰라도
오늘의 적도 내일의 적처럼 생각하면 되고
오늘의 적도 내일의 적처럼 생각하면 되고

오늘의 적으로 내일의 적을 쫓으면 되고
내일의 적으로 오늘의 적을 쫓을 수도 있다
이래서 우리들은 태평으로 지낸다

-「적1」 전문

　따라서 우리는 무슨 적이든 분명 갖고 있지만 '가벼운' 적
도 '무거운' 적도 없다. 오늘의 적이 제일 무겁고 무서운 적인
듯해도 내일이면 약해질 것이라 미루어 생각한다. 적은 적끼
리 서로 적의를 가진 것이 아니기에 내일의 적을 빌미삼아 오
늘을 살고 오늘의 적으로 내일의 적을 쫓는다. 그러니 사방에
적이 가득해도 적과 적 아닌 것의 경계가 모호하며 또 그런
만큼 '태평으로' 지낼 수 있다.

　김수영은 자기 자신을 일상 속에서 길들이는 것, 근대의 속
도로 몰아넣는 것, 정지에 머무르게 하는 것, 이 모두에서 적
을 본다. 그래서 새로움과 힘을 향한 의지가 무화될 때, 혹은

일상과 이상 사이에서 무력해질 때, 그는 가장 가까운 것에 대해 가장 큰 적의를 느낀다.

> 성인聖人은 처를 적으로 삼았다
> 이 한국에서도 눈이 뒤집힌 사람들
> 틈에 끼여사는 처와 처들을 본다
> 오 결별의 신호여
> (중략)
>
> 제일 피곤할 때 적에 대한다
> 날이 흐릴 때면 너와 대한다
> 가장 가까운 적에 대한다
> 가장 사랑하는 적에 대한다
> 우연한 싸움에 이겨보려고
>
> -「적2」 일부

　이 시에는 적과 사랑이라는 동전의 양면 같은 적의 정체가 '처妻'로 등장한다. '성인은 처를 적으로 삼았다'면서 유독 처를 구체적인 적으로 드러내고 있다. '적은 있지만 적은 없고' '적이지만 적이 아닌' 이중적 속성을 지닌 '적'이 마침내 '가장 사랑하는 적'이라는 역설적 표현으로 귀결되면서 적의 의미가 '처'로 집약된다. 첫 연에서 '제일 피곤할 때 적에 대한다'는 바로 그 적이 '가장 가까운' 그리고 '가장 사랑하는' 적,

마침내 '처'로 구체화되는 것이다.

'제일 피곤할 때'와 '가장 피로할 때'에는 누구에게든 눈앞의 세상이 다 적이다. 온몸에 힘이 빠져 까무러질 때 그는 '특히 가장 사랑하는 사람과의 관련을 해체'한다. 예민할 대로 예민해진 그는 가장 가까이 있는 사람에게 가장 적의를 느끼게 되니 결국 가장 피곤할 때 '가장 귀한 것을 버리게 되는' 셈이고 '가장 가깝고도 사랑하는 적'과 마주하게 되는 셈이다. 김수영에게 있어 이 '가장 사랑하는 적'이라는 모순된 대상은 아내, 그의 표현에 의하면 '여편네'이다.

김수영의 시에는 갈등을 일으키는 외부세계를 유독 '여편네'로 표현하는 작품이 많다. '여편네'는 자기 안의 타인이거나 또 다른 객체이기도 하고 자신이 맞서야 할 거대하고 추악한 세계의 은유이기도 하다. 시인이 패배한 자아의 반성과 비애를 드러낼 때 그 대상은 늘 '여편네'다. 시인 안의 소년적 자아를 비웃는 여편네, 일상의 무능력함을 질타하는 여편네, 시인의 순결한 이상과는 달리 물질적 탐욕을 버리지 않는 여편네는 그의 시에 가장 자주 등장하는 적이다. 그래서 여편네는 '가장 사랑하는 적'이라는 역설적인 상징이 되며 그를 향한 애증은 가학적인 것으로 드러난다.

남에게 희생을 당할만한
충분한 각오를 가진 사람만이
살인을 한다

그러나 우산대로
여편네를 때려눕혔을 때
우리들의 옆에서는
어린놈이 울었고
비 오는 거리에는
40명가량의 취객들이
모여들었고
집에 돌아와서
제일 마음에 꺼리는 것이
아는 사람이
이 캄캄한 범행의 현장을
보았는가 하는 일이었다
− 아니 그보다도 먼저
아까운 것이
지우산을 현장에 버리고 온 일이었다

−「죄와 벌」 전문

시인에게 있어 여편네는 유일하게 가시적인 적이다. 모든
성인이 처를 적으로 삼은 것도 어쩌면 이 때문일 것이다. 처는
곧 자기 자신의 일부이고 가장 가까운 사람이면서 동시에 가
장 증오스럽고 지긋지긋한 애증의 대상이다. 김수영은 다른
글에서도 작가의 사명에 대해 생각하게 하는 영화를 보고 나
오면서 가슴이 서늘해졌을 때 옆에 따라오는 여편네가 이유없

이 꼴보기 싫어졌다고 고백한 적이 있다. '원수는 내 안에 있다'라고 생각하고 '내 안에 있는 적만 해도 너무나 힘에 겹다'고 고백하면서도, 그 순간 내 옆에 가장 가까이 있는 여편네가 자신을 속물로 만들어버린 바로 그 '적'이라고 생각하며 증오하는 것이다.

이는 김수영의 시에서 위악적인 어조와 태도로 자주 드러난다. 가학적 혹은 자학적으로 위악연하는 반어적 어조는 자아의 이중성을 드러내는데, 아내가 그 대상일 때 가장 극도에 다다른다. 시 「죄와 벌」의 비오는 거리에서 우산대로 여편네를 때려눕히자 수십 명의 취객들이 구경삼아 몰려들고 어린 자식은 옆에서 울어댄다. 집에 돌아와서 '제일 마음에 꺼리는 것'은 그나마 자신의 악행에 대한 부끄러움이나 반성이 아니라 혹여 아는 이가 그 구타장면을 보지나 않았을까 하는 파렴치한 모습과 그 자리에 버리고 온 우산을 아까워하는 어이없는 모습이다.

범행, 살인, 현장, 죄와 벌 등의 어휘들 속에서 자신의 행동을 악행으로 판단하는 태도를 무의식적으로 드러내지 않았더라면 그의 의도적인 위악적 어조를 읽어내기 어려울 것이다. 자신의 속되고 야비한 모습을 표현한 이 시는 시인이 지향하는 시인됨과 가장 대조되는 속물적인 모습을 드러낸다. 그의 위악적 어조는 무력한 시적 자아의 비애감을 효과적으로 드러내는 한편, 순수하고 진실하게 반성하는 자아의 거친 표현들을 숨기고 있는 것이다.

적이 추상적인 만큼, 김수영의 사랑도 추상적이다. 그리고 적이 도처에 있는 것만큼 사랑도 숨막히게 도처에 있다. 하지만 그의 특유한 강직한 시들 속에서도 시인의 정신이 맑고 견고하게 빛나는 것은 그의 시가 '아름답고 단단한 고요함' 같은 사랑에서 연유하고 있기 때문이다. 김수영은 자신의 시론이나 시인의 사명을 얘기하는 비평에서조차 '시의 사변에서 볼 때 이러한 온몸에 의한 온몸의 이행이 바로 사랑'이라는 식으로 생각을 비약하며 사랑을 외치기도 했다.

> 욕망이여 입을 열어라 그 속에서
> 사랑을 발견하겠다 도시의 끝에
> 사그러져가는 라디오의 재갈거리는 소리가
> 사랑처럼 들리고 그 소리가 지워지는
> 강이 흐르고 그 강건너에 사랑하는
> 암흑이 있고 삼월을 바라보는 마른나무들이
> 사랑의 봉오리를 준비하고 그 봉오리의
> 속삭임이 안개처럼 이는 저쪽에 쪽빛
> 산이
>
> 사랑의 기차가 지나갈 때마다 우리들의
> 슬픔처럼 자라나고 도야지우리의 밥찌끼
> 같은 서울의 등불을 무시한다
> 이제 가시밭, 덩쿨장미의 기나긴 가시가지

까지도 사랑이다

(중략)

아들아 너에게 광신狂信을 가르치기 위한 것이 아니다

사랑을 알 때까지 자라라

인류의 종언의 날에

너의 술 다 마시고 난 날에

미대륙에서 석유가 고갈되는 날에

그렇게 먼 날까지 가기 전에 너의 가슴에

새겨둘 말을 너는 도시의 피로에서

배울 거다

이 단단한 고요함을 배울 거다

복사씨가 사랑으로 만들어진 것이 아닌가 하고

의심할 거다!

복사씨와 살구씨가

한번은 이렇게

사랑에 미쳐 날뛸 날이 올 거다!

그리고 그것은 아버지 같은 잘못된 시간의

그릇된 명상이 아닐 거다

　　　　　　　　　　　　　　　－「사랑의 변주곡」 일부

　아버지가 아들에게 건네는 말로 이루어진 이 시는 김수영
의 주요 작품으로 주목받고 있다. '김수영이 도달한 성숙의 경
지를 보여주는 시'[3], '김수영의 일련의 작품들은 모두 「사랑

의 변주곡」으로 수렴되는 과정'4), '사랑을 주제로 한 보기 드문 절창이자 버릴 대목 하나 없는 시'5), '우리말로 씌어진 가장 도취적이고 환상적이며 장엄한 행복의 약속을 보여주는 시'6)라고 상찬 받은 바 있다. 이 시에는 무엇보다도 김수영 시의 근간이자 그의 중요한 시적 주제인 사랑의 의미가 풍부하게 담겨 있다.

이 시의 제목이기도 한 '사랑의 변주곡'은 1연에서 '사그라져가고 지워지는' 소리로 시작해 마지막 연에서 '미쳐 날뛰'는 격정적인 곡으로 변주되는데, 그 안에서는 역으로 사랑을 '단단한 고요함'으로 잉태하고 있다. 눈과 마음이 가닿는 모든 일상에서 사랑을 발견하는 시인의 시선과 마음의 파장을 따라 사랑은 '아름다운 단단함'과 '단단한 고요함'으로 응결된다. 그 안에서 시인은 미래를 상징하는 아들에게 '아버지 같은 잘못된 시간'이 깨우친 '사랑을 만드는 기술'에 대해 얘기한다. 흘러넘치는 사랑이 격렬하고 낮은 톤, 희망과 절망, 낙관과 회의들로 얽혀 있다. 또한 그의 여느 시보다 풍성한 비유와 이미지, 시적 감수성의 고조와 충일감, 파격적인 언어배열, 명령문과 청유문, 감탄어법과 반복구문 등으로 시적 긴장과 속도감이 팽팽하다.

이 시의 맨 첫 단어인 '욕망'은 자기 내부에 들끓는 사랑의 정체인 동시에 사랑의 대상인 세계의 실체를 표현한다. 어둡고 거대한 욕망의 입 속에서 사랑의 의미를 '발견'하겠다는 의지는 바로 이어서 '도시'라는 현실적인 시공으로 옮겨간다.

서울의 등불을 돼지우리 안에 드문드문 남은 밥찌끼라고 표현함으로써 서울이라는 공간에 대한 애증과 환멸을 동시에 드러내면서도, '도시의 끝→ 강→ 강 건너→ 산'으로 원심적으로 확대되는 공간에서 시인은 '기차'처럼 이어지는 사랑, '숲'처럼 밀려닥치는 사랑의 흡인력을 느낀다. 이는 시의 리듬과도 일치한다. 마침표나 쉼표를 사용하지 않은 점, 무질서한 행바꿈, 즉 행갈이가 모두 의미론적 기대를 배반하는 앙장브망enjambment(행걸쳐쓰기) 구문으로 이루어져 있어 숨차도록 이어지는 '사랑'의 연속성과 부피감에 상응하고 있다. 그러면서도 그 사랑의 충일감은 '사그라져가는' '지워지는' '속삭임' 등 작고 여린 소리의 변주 속에 절제되고 있다. 시인은 끓어올라 흘러넘칠 듯 하면서도 끝내 '절도'있게 제어할 수 있는 열렬한 사랑의 방법을 마치 끓어오르면서도 '아슬/아슬하게 넘지 않는' 주전자의 물에 비유한다.

그리고 비로소, 이렇게 즐비하게 전개한 사랑의 의미 끝에 '사랑을 만드는 기술'에 대한 생각에 다다른다. 일상적인 모든 것들에서 벅차오르게 경험하는 이 사랑을 만드는 기술을 '불란서 혁명'과 '4.19 혁명'에서 배웠지만 '이제는 소리내어 외치지는 않겠다'고 다짐한다. 이 '미쳐 날뛰'는 사랑의 행렬은 '광신'이 아니라 난로 위에서 고요히 끓어오르되 넘치지 않는 물소리 같은 절도를 지닌 단단한 고요함을 품은 것들이라 믿기 때문이다. 그래서 시인이 이제까지 질주해온 사랑은 '아름다운 단단함'으로 응결된다. 김수영 시에서 사랑의 핵심은 광신이 아니라 '복사씨와 살구씨와 곶감씨'같이 내밀하고 근원적인 것, 꽃과 열매의 폭발을 품고 있는 아름다운 단단함 같은 것이다.

마지막 연에서 사랑의 '아름다운 단단함'은 다시 '단단한 고요함'으로 부연된다. 드디어 아버지와 아들이 화자와 청자로 등장하면서 이제까지의 독백은 대화와 청유가 되고 '아들'로 표현되는 낙관적 미래가 열린다. '인류의 종언의 날' 그리고 '미대륙에서 석유가 고갈되는 날'에 이르기 전에 아들에게 진정 얘기해두고 싶은 것은 맹목적 '광신'이 아니라 '사랑'이라는 것, 사랑을 삶의 핵심으로 새겨야 한다는 것임을 거듭 이른다. '사랑을 알 때까지 자라라'는 외침은 태풍 같은 사랑 속에 내재한 사랑의 씨앗, 그 아름답고 단단한 고요함의 실체를 알기를 바라는 아버지의 진곡한 마음이다. 언젠가는 이 복사씨처럼 단단하고 고요한 힘이 '사랑으로 만들어진 것이 아닌가'라며 생각하게 될 것을, 아름답고 고요한 사랑으로 '미쳐 날뛸 날'이 올 것을 예견하고 기대한다.

높고 격앙된 어조 속에서도 '단단한 고요함'으로 응축되어 가는 '사랑'의 길고긴 변주는 이렇게 매듭지어진다. 사랑의 본질을 '복사씨'와 '살구씨'와 '곶감씨'라는 아름답고 단단하고 고요한 씨앗의 힘으로 비유한 부분은 '우리 현대시의 가장 잔치다운 대목'[7]이라 언급될 만하다.

이 시에서 사랑은 '민주적 이상에 의해서 실현된 정의로운 평화와 행복'[8], '가장 높은 의미의 시민의식'[9]을 뜻한다고 해석된 바 있다. 물론 사랑을 사회적 맥락에서 읽는다면 충분히 설득력 있는 해석이다. 또한 김수영 시의 사랑의 뿌리는 보다 근원적인 것－가령 인간, 삶, 양심, 진실, 자유 등－과 맞닿아 있다고 확대해 볼 수도 있다. 그리고 조금 더 나아간다면 사랑의 궁극적인 의미는 현실 사회의 시대적 맥락을 넘어서 '아름답고 단단한 복사씨'를 만든 세계 혹은 우주의 질서처럼 보다 근원적이고 장대한 꿈이리라는 해석을 펼칠 수도 있을 것이다.

　김수영은 가장 사랑하는 사람들의 모습 속에서 적을 발견하기도 하고 가장 적의를 느끼는 사람들의 모습 속에서 사랑을 느끼기도 한다. 그것은 가족이기도 하고 여편네이기도 하고 그 누군가이기도 하고 바로 자기 자신이기도 하며, 더 나아가 역사와 전통이기도 하다. 정체모를 적을 향한 적의만큼이나 넘쳐흐르는 사랑의 격정도 범람하는데, '가장 사랑하는 적'이라는 모순된 표현은 바로 이 자기 안의 적의와 사랑을 스스로도 다스리기 힘들었던 시인의 갈등을 담은 것이라 할 수 있을 것이다.

시인詩人과 속인俗人 사이

　김수영의 시에는 '나'와의 싸움이 치열하게 드러난다. 자기 자신을 벌레 따위로 생각하거나 어른이 되지 못한 소년적 자아로 비하하거나 라디오나 피아노를 들여놓은 집구석을 바라보며 타락했다고 자학한다. 말쑥한 부엌과 애처로운 처를 지니고 사는 일조차 쑥스럽다고 여기며 생활에 길들여져 가는 자신을 '낙오자'라 인식한다. 김수영에게 세상에서 가장 싸우기 어렵고 힘든 적은 자기 자신이며 자기를 길들이는 일상과 생활이다. 이는 시인이 시인과 속인 사이에서 갈등하기 때문이다.

　시인과 속인 사이에서 김수영은 서로 다른 얼굴을 갖는다. 곧고 강직한 소리로 외치는 시인으로서의 그와 졸렬하고 편협

한 일상적 소시민으로서의 그다. 이상을 향해 거침없이 내닫는 그와 내성적이고 소심한 그다. 저돌적인 지사의 이미지 속에 미숙하고 소심한 그의 모습이 숨어있다.

시장거리의 먼지 나는 길옆의
좌판 위에 쌓인 호콩 마마콩 멍석의
호콩 마마콩이 어쩌면 저렇게 많은지
나는 저절로 웃음이 터져나왔다

모든 것을 제압하는 생활 속의
애정처럼
솟아오른 놈

(유년의 기적을 잃어버리고
얼마나 많은 세월이 흘러갔나)

여편네와 아들놈을 데리고
낙오자처럼 걸어가면서
나는 자꾸 허허..... 웃는다

무위와 생활의 극점을 돌아서
나는 또 하나의 생활의 좁은 골목 속으로
들어서면서
이 골목이라고 생각하고 무릎을 친다

생활은 고절孤絶이며
비애이었다
그처럼 나는 조용히 미쳐간다
조용히 조용히

-「생활」 전문

'나'는 시장통을 걷다가 좌판 위에 쌓인 호콩과 마마콩이 똑같은 모양으로 잔뜩 쌓여있는 것을 보고 웃음을 터뜨린다. 똑같은 생김새로 무심히 잔뜩 쌓아올려진 그 많은 콩들의 모습 속에서 자기 모습을 보는데, 생활이 '모든 것을 제압하는' 위력이 된 지금, 여편네와 아들놈과 함께 거리를 걷는 나는 헛헛한 웃음 속에 스스로를 '낙오자'로 느낀다. 그러면서도 그는 '무위와 생활의 극점'을 돌아 '또 하나의 생활의 좁은 골목'으로 들어선다. 자신이 지향하는 이상과 지금으로선 헤어날 수 없는 일상 사이에서 그는 평범한 모습의 자신을 낙오자로 생각하며 패배자처럼 견뎌낸다.

'생활은 고절이며 비애'라는 표현은 시인과 속인 사이의 고뇌를 가장 극명하게 드러낸다. 세월의 더께라는 무거운 싸움에서 그는 '나는 조용히 미쳐간다 조용히 조용히'를 뇌일 수밖에 없었다. 생활의 가장 상징적인 공간인 '시장'한 복판에서 자신의 가장 진실된 부분과 맞닥뜨리자 그는 합리화도 자조도 할 수 없는 상황 속에 결국 '생활'이란 외롭게 지켜내야 할 슬픔이자 설움임을, 그리고 거기서 헤어나올 수 없는 자신은 미쳐갈 수밖에 없음을 깨달았던 것이다. 방 한 칸과 부엌과 애처로운 처를 지니고 사는 것조차 쑥스러운 그에게 하물며 '라디오'와 '피아노'는 자신이 타락했다는 뚜렷한 증거물이 된다.

금성라디오 A 504를 맑게 개인 가을날
일수로 사들여온 것처럼
500원인가를 깎아서 일수로 사들여온 것처럼
그만큼 손쉽게
내 몸과 내 노래는 타락했다

헌 기계는 가게로 가게에 있던 기계는
옆에 새로 난 쌀가게로 타락해 가고
어제는 캐시밀론이 들은 새 이불이
어젯밤에는 새 책이
오늘 오후에는 새 라디오가 승격해 들어왔다

아내는 이런 어려운 일들을 어렵지 않게 해치운다
결단은 이제 여자의 것이다
나를 죽이는 여자의 유희다
아이놈은 라디오를 보더니
왜 새 수련장은 안 사왔느냐고 대들지만
　　　　　　　　　　　　　　　　　-「금성라디오」 전문

삭막한 집의 삭막한 방에 놓인 피아노

그 방은 바로 어제 내가 혁명을 기념한 방
오늘은 기름진 피아노가
덩덩 덩덩덩 울리면서
나의 고갈한 비참을 달랜다

벙어리 벙어리 벙어리
식모도 벙어리 나도 벙어리
모든 게 중단이다 소리도 사념도 죽어라
중단이다 명령이다

－「피아노」 일부

　　김수영에게 가족과 가정은 평화로운 일상과 안주하는 행복을 주는 한편 시를 반역하게 하는 적이기도 해서 때로 양극단적인 태도를 보인다. 그는 금성라디오를 값을 깎아 실은 퍽이나 궁색하게 일수로 사들이는 일조차 '내 몸과 내 노래를 타락시킨 일처럼 여긴다. 그에게 라디오라는 기계는 위압적인 물건이며 물질적 가치의 상징일 뿐이다. 지니고 쓰던 것들을 버리는 것은 모두 '타락'이고 새 이불, 새 책, 새 라디오 등 새것을 들여놓는 일은 '승격'이다. 새 물건들을 사들이는 일은 그에게 결코 즐거움이 아니다. 설령 그것이 라디오나 이불, 책 같이 일상적인 필수품일지라도 그것을 들여오는 일은 '어려운 일'이고 '나를 죽이는 아내의 유희'이다. 그러니 그에게는 새 수련장을 사달라고 하는 아이놈도 아내와 한통속일 뿐이다.

'피아노'는 두말할 나위도 없다. 삭막한 집의 삭막한 방일 망정 '어제 내가 혁명을 기념한 방에서 울리는 '기름진' '당당한 피아노 소리는 감미롭기는커녕 '덩덩 덩덩덩' 울려대는 '명령'과 '중단'과 '위협'의 소리다. '값비싼' 피아노가 값비싸게 울리는 소리는 돈이 울리는 소리가 되어 나를 비참하게 만들고 내 모든 것을 중단시켜 버린다. 집안에 들여놓은 새 물건들과 값비싼 물건들은 자신을 타락시키는 명령과 위협들로 생각될 뿐이다. 시인됨에서 멀어지게 하고 시와 반역된 생활을 하게 하며 시를 배반하게 하고 낙오자라고 느끼게 하는, 다시 말해 시인과는 정반대 자리의 속인으로 묶어버리는 것들이다. 여기서 느끼는 시인의 고독은 시「구름의 파수병」에 가장 잘 드러난다.

만약에 나라는 사람을 유심히 들여다본다고 하자
그러면 나는 내가 시詩와는 반역된 생활을 하고 있다는
것을 알 것이다

먼 산정에 서 있는 마음으로 나의 자식과 나의 아내와
그 주위에 놓인 잡스러운 물건들을 본다

그리고
나는 이미 정하여진 물체만을 보기로 결심하고 있는데
만약에 또 어느 나의 친구가 와서 나의 꿈을 깨워주고

나의 그릇됨을 꾸짖어주어도 좋다

함부로 흘리는 피가 싫어서
이다지 낡아빠진 생활을 하는 것이 아니리라
먼지 낀 잡초 위에
잠자는 구름이여
고생도 마음대로 할 수 없는 세상에서는
철늦은 거미같이 존재 없이 살기도 어려운 일

방 두 칸과 마루 한 칸과 말쑥한 부엌과 애처로운 처를
거느리고
　외양만이라도 남과 같이 살아간다는 것이 이다지도 쑥스
러울 수가 있을까

시를 배반하고 사는 마음이여
　자기의 나체를 더듬어보고 살펴볼 수 없는 시인처럼 비
참한 사람이 또 어디 있을까
　거리에 나와서 집을 보고 집에 앉아서 거리를 그리던 어
리석음도 이제는 모두 사라졌나 보다
　날아간 제비와 같이

날아간 제비와 같이 자국도 꿈도 없이
어디로인지 알 수 없으나
어디로이든 가야 할 반역의 정신

나는 지금 산정에 있다―

시를 반역한 죄로

이 메마른 산정에서 오랫동안 꿈도 없이 바라보아야 할
구름

그리고 그 구름의 파수병인 나.

―「구름의 파수병」 전문

이 시는 '만약에 나라는 사람을 유심히 들여다본다고 하자'
로 시작된다. '들여다본다고 하자'라고 가정하는 문장은 '들여
다보자'라는 표현에 비해 한층 성찰적이다. 시인은 '말쑥한 부
엌과 애처로운 처를 거느리고 외양만이라도 남과 같이 살아간
다는 것'을 쑥스러워 한다. 그는 일상과 생활에 안주하는 것이
시에 대한 배반과 반역의 삶이라 생각하기에 고통스럽다. 그
에게 이런 평범한 일상과 '낡아빠진 생활'은 '시와는 반역反逆
된 생활'이며 '시를 배반하고 사는 마음'이기에 결국 스스로
'시를 반역한 죄'를 치러내야 할 것이라 생각한다. 그는 '시를
배반하고 사는' 자신을 '비참한 사람'이라고 토로한다. 집과
거리 사이에서 갈등과 방황을 거듭하며 시와 삶의 괴리에서
고뇌하던 어리석음을 애써 받아들이면서 '구름의 파수병' 같
은 존재로 살지언정 시를 사는 삶을 결국은 버리지 못할 것이
라 체념하듯 다짐한다.

그래서 그는 자신 안에 있는 자아와 반자아를 성찰하는 과
정에서 '철늦은 거미처럼 존재없이 살기도 어려운 일'이라며

자신을 거미 따위의 벌레로 인식한다. 이는 늘 '절정 위에서 조금쯤 비켜 서 있는' 비겁하고 혐오스런 자신에 대한 환멸의 표현이기도 하다. 온전히 시인으로만 살 수는 없는 무력하고 위축된 그의 심리는 「거미」에서 '가을바람에 늙어가는 거미처럼 몸이 까맣게 타버렸다'로, 「하루살이」에서는 '하루살이의 광무狂舞'로, 「풍뎅이」에서는 '추한 내 발밑에서 하늘을 보고 우는 풍뎅이'로, 「현대식교량」에서는 '식민지의 곤충들'로 변용된다. 그는 삶에 적극적으로 맞서지 못하는 위축된 자신을 하찮은 벌레 따위의 미물로 상상해버리는 것이다.

그러므로 맨끝 연의 '산정山頂'은 이제 시인에게 있어 집과 거리 사이, 시인과 속인 사이에 놓인 기로와도 같다. 현실과 동떨어진 도피적인 공간인 '메마른 산정'에서 '시를 반역한 생활'을 버리지 못한 채 무력하게 구름이나 지켜보는 구름의 파수병으로 남을 것인지, 산정에서 내려와 어디로인지는 알 수 없어도 끝내는 가야할 '반역의 정신'을 추구하는 시를 택할 것인지 스스로에게 묻고 있는 기로인 셈이다.

왜 나는 조그마한 일에만 분개하는가
저 왕궁 대신에 왕궁의 음탕 대신에
50원짜리 갈비가 기름덩어리만 나왔다고 분개하고
옹졸하게 분개하고 설렁탕집 돼지 같은 주인년한테 욕을
하고
옹졸하게 욕을 하고

한번 정정당당하게
붙잡혀간 소설가를 위해서
언론의 자유를 요구하고 월남 파병에 반대하는
자유를 이행하지 못하고
20원을 받으러 세 번씩 네 번씩
찾아오는 야경꾼들만 증오하고 있는가

옹졸한 나의 전통은 유구하고 이제 내 앞에 정서로
가로놓여 있다
이를테면 이런 일이 있었다
부산에 포로수용소의 제십사야전병원에 있을 때
정보원이 너어스들과 스폰지를 만들고 거즈를
개키고 있는 나를 보고 포로경찰이 되지 않는다고
남자가 뭐 이런 일을 하고 있느냐고 놀린 일이 있었다
너어스들 옆에서

지금도 내가 반항하고 있는 것은 이 스폰지 만들기와
거즈 접고 있는 일과 조금도 다름없다
개의 울음소리를 듣고 그 비명에 지고
머리에 피도 안 마른 애놈의 투정에 진다
떨어지는 은행나무잎도 내가 밟고 가는 가시밭

아무래도 나는 비켜서 있다 절정 위에는 서 있지
않고 암만해도 조금쯤 옆으로 비켜서 있다

그리고 조금쯤 옆에 서 있는 것이 조금쯤
비겁한 것이라고 알고 있다!

그러니까 이렇게 옹졸하게 반항한다
이발쟁이에게
땅주인에게는 못하고 이발쟁이에게
구청직원에게는 못하고 동회직원에게도 못하고
야경꾼에게 20원 때문에 10원 때문에 1원 때문에
우습지 않으냐 1원 때문에

모래야 나는 얼마큼 작으냐
바람아 먼지야 풀아 나는 얼마큼 작으냐
정말 얼마큼 작으냐 ……
　　　　　　　　　　－「어느 날 고궁을 나오면서」 전문

　시 「어느 날 고궁을 나오면서」는 시인과 속인 사이에 서 있
는 김수영의 태도와 회한을 가장 극명하게 드러내는 시다. '왕
궁'으로 풍자되는 현실적 통치세력의 '음탕'에 맞서 싸우지 못
하고 붙잡혀간 소설가를 위해 정정당당하게 싸우지 못하고 언
론의 자유를 요구하지 못하고 월남파병에 반대하는 자유를 이
행하지 못하는 이 '옹졸한 나의 전통'은 유구하다. 그저 약자
와 힘없는 자들에게만 분개하고 욕하는 치사스러운 속물일
뿐이다. 설렁탕집 주인여자의 탐욕스러움과 푼돈 받으러 서너

번씩 들르는 야경꾼의 구차함에서 자신의 모습을 적나라하게 바라보기 때문에 오히려 그는 이들에게 더 악랄하게 군다. 김수영은 이렇게 자신의 속물성을 선언하지만 그 고백 속에는 저항과 번민이 가득하다. 조금쯤 비켜서있고 그것이 조금쯤 비겁한 것이라는 것까지 알고 있는 시인, 위악과 진실은 어쩌면 그에게 있어 동일한 것이다.

하지만 한편으로 그는 일상적 삶의 가치에 대한 애정 또한 버리지 않는다. 시는 삶과 동궤의 것이며 진정한 시는 삶을 관통해나가는 것이라 믿기 때문이다. 김수영에게 있어 삶은 소중하지만 버거운 것, 시의 날개를 자꾸 내려앉게 하지만 그래서 비상 자체를 의미있게 하는 것, 속인으로 끌어내리지만 그래서 시인됨의 가치를 오히려 반성하게 하는 그런 것이 되기도 한다. '집안의 자디잔 일들이 얼마나 무서운 것인가를 뼈저리게 느낄 수 있었다'고 고백하면서도 그는 집안의 자디잔 일들을 모두 시로 끌어들여 삶의 시로 이끌어가는 힘으로 삼았다.

그래서 김수영의 언어들은 일상과 이상 사이에서 다소 성마르고 불안해 보이지만 삶의 진실에 가닿게 한다. 일상적 삶의 가치를 발견하고 그를 귀하게 여기면서도, 그것이 족쇄가 되어 시인을 속되게 하는 것들에 대해서는 여지없이 다시 갈등하는 것, 이것이 김수영의 세속주의적 시적 대응이다. 그가 '나같이 사는 것은 나밖에 없는 것 같다, 소심해져만 간다, 소인이 돼간다, 속돼간다(시「강가에서」)'고 애타하며 괴로워 할 때, 그것은 진실한 자조로 들린다. 그는 시와 삶, 시인과 속인 사이에서 끝없이 갈등하면서도 현실과 문학을 잇는 끈을 결코 놓아버릴 수 없기에 갈등 위에 머물러 있었다. 서늘한 이상을 추구하려는 시인의 정직한 고뇌와 끈적한 일상을 떨어버릴 수 없는 소시민적 삶의 태도 사이에서 끊임없이 머뭇거렸던, 즉 혁명가적 시인과 일상적 속인이라는 김수영의 맨 얼굴을 여기 서도 여전히 마주하게 되는 것이다.

온몸 시학과 지식인적 사유

　　김수영의 산문은 때로 그의 시보다 더 명문(名文)으로 꼽힌
다. 그의 산문 안에는 비평과 수필, 시작노트 외에도 김수영
의 시론이라 할 수 있는 여러 편의 글이 있다. 그 가운데서도
「시여, 침을 뱉어라」를 비롯한 몇 편의 글은 읽는 이로 하여
금 시에 대한 생각을 일순 새롭게 하는 시론이자 시에 대한
인식의 틀을 깨게 하는 혁신적인 시론이다. 김수영에 관한 논
의들이 그를 우상화하는 김수영 신화神話를 이루거나 우상화
를 벗기려는 김수영 반신화反神話를 이루고 있다면, 그 논의
들은 김수영의 시론에 드러나는 주장에 의해 좌우되는 바가
크다.

　　여러 편의 글을 통해 전개되는 김수영의 시론은 그다지 명

료하지는 않다. 글에 드러나는 격정적인 어조의 흡인력과 시적 통찰력에 비해 시적 사유를 단계적으로 전개해 나간 과정이 일목요연하지는 않다. 문장 전후의 비약이 눈에 띄고 논리적 전개보다는 주장이 강한 글들이다. 그럼에도 불구하고 그의 시론은 시인이 강조하는 '새로움'과 '힘'에서 파장력을 갖는다. 이는 김수영의 시적 인식과 정신적인 태도는 물론 시의 기법과 시와 삶의 문제까지 모두 관통하는 새로움이자 힘이다.

온몸시학과 반시론으로 명명할 수 있는 김수영의 시론은 몇 가지 주장으로 묶어볼 수 있다. 물론 기존의 시에 대한 그의 반시적인 성취는 일상어와 비속어를 그대로 노출하는 시어의 특징, 불편한 호흡의 힘을 조성하는 새로운 리듬의 긴장, 시적 주제의 파격성, 시와 시인의 역할에 대한 진보적인 주장 등도 빼놓을 수 없다. 그는 분명 새로운 사상을 앞세웠을 뿐 아니라 개성적인 언어의 진경을 보인 시인이며 낯선 시형식과 시적 장르의 해체를 실험한 전위적인 시인이다.

새로움이라는 것을 문학의 내적인 자유 안에서 추구할 때에는 기존의 문학에 대한 신선한 위협이 되고, 문학의 밖을 향해 추구할 때에는 기존의 질서나 사회에 대한 위협이 된다. '모든 전위문학은 불온不穩하다. 그리고 살아있는 모든 문화는 불온하다'라는 말은 김수영의 이같은 의지를 가장 명료하게 드러내는 주장이다. '불온'이라는 어휘 역시 주로 정치적 맥락으로 이해되기도 했으나 '문화사와 예술사는 모두 이 불온의

수난의 역사'라고 주장한 그의 말에서도 드러나듯 불온은 전위와 새로움과 자유 등의 의미를 내포한 표현이었다. 김수영의 온몸시론과 반시론은 이같이 문학의 안과 밖을 향한 두 가지 새로움을 모두 지녔다. 무엇보다도 형식과 내용의 합일을 지향하고, 시작詩作과 지식인적 사유의 일치를 주장하면서, 마침내 시와 삶의 합일이야말로 시가 궁극적으로 존재해야 할 의의라고 주장한 것이다.

'시작詩作은 머리로 하는 것이 아니고, 심장으로 하는 것도 아니고, 몸으로 하는 것이다. 온몸으로 밀고 나가는 것이다'라는 김수영의 주장은 흔히 '온몸'이라는 표현이 실천적 행동으로만 해석되어 마치 시와 행동의 일치를 강조하는 것처럼 읽히기도 한다. 이는 김수영이 말하는 자유가 실존적 의미의 자유에서 비롯된 것임에도 불구하고 늘 정치적인 자유라는 의미로 해석되어온 것과 비슷한 맥락이다.

그가 말하는 온몸은 형식과 내용의 합일을 지향하는 시작 행위이다. 물론 여기서 형식과 내용이라는 말의 새로운 함의가 김수영의 온몸시론을 구체화하는 것이긴 하다. 다시 말해서 그는 형식과 내용이라는 표현 아래, 언어의 서술과 언어의 작용, 예술성과 현실성, 시의식과 시민의식, 예술가로서의 양심과 지식인으로서의 사명 등 각기 대비적 의미를 담고 있다. 가장 핵심이 되는 부분을 인용해본다.

　　시작詩作은 '머리'로 하는 것이 아니고, '심장'으로 하는 것도 아니고, '몸'으로 하는 것이다. 온몸으로 밀고 나가는 것이다. 정확하게 말하자면, 온몸으로 동시에 밀고나가는 것이다. (중략) 그러면 온몸으로 무엇을 밀고 나가는가. 그러나 ─ 나의 모호성을 용서해준다면 ─ '무엇을'의 대답은 '동시에'의 안에 이미 포함되어 있다고 생각된다. 즉 온몸으로 동시에 온몸을 밀고나가는 것이 되고, 이 말은 곧 온몸으로 바로 온몸을 밀고 나가는 것이 된다. 그런데 시의 사변에서 볼 때, 이러한 온몸에 의한 온몸의 이행이 사랑이라는 것을 알게 되고, 그것이 바로 시의 형식이라는 것을 알게 된다.

시를 논한다는 것은 무엇인가. 그것은 산문의 의미이고, 모험의 의미이다. 시는 온몸으로, 바로 온몸으로 밀고 나가는 것이다. 그것은 그림자를 의식하지 않는다. 그림자에조차도 의지하지 않는다. 시의 형식은 내용에 의지하지 않고 그 내용은 형식에 의지하지 않는다. 시는 그림자에조차도 의지하지 않는다. 시는 문화를 염두에 두지 않고, 민족을 염두에 두지 않고, 인류를 염두에 두지 않는다. 그러면서도 그것은 문화와 민족과 인류에 공헌하고 평화에 공헌한다. 바로 그처럼 형식은 내용이 되고 내용은 형식이 된다. 시는 온몸으로, 바로 온몸으로 밀고 나가는 것이다.

─「시여, 침을 뱉어라」 중에서

그의 온몸시론이 가장 뚜렷이 담겨 있는 「시여, 침을 뱉어라」라는 글은 '온몸으로서의 내용과 형식'에 관해 상술하고 있다. '내용'이라는 어휘는 '시를 쓴다' '시' '시의식' '예술성'을 의미하며, 이에 대응되는 '형식'이라는 어휘는 '시를 논한다' '산문' '시민의식' '현실성'을 의미한다. 그리고 시인은 이 두 맥락이 합일을 이룬 정점에 진정한 시가 존재한다고 주장한다. 즉 '시를 쓴다는 것이 시의 형식으로서의 예술성과 동의어가 되고, 시는 논한다는 것이 시의 내용으로서의 현실성과 동의어가 된다'는 설명이다. 이는 내용과 형식의 관계에 대한 기존의 상투적인 이분법뿐 아니라 시와 산문, 예술과 현실, 예술파와 참여파의 이분법을 해체하고 오히려 이분된 것들의 합일을 시의 새로운 동인動因으로 주장한다. 그리고 이는 시를 삶과 독립시켜 절대화하지 않고 산문으로 표명되는 삶의 정신과 합일하려는 김수영의 시의식으로 이어진다.

김수영은 '높은 윤리감과 예리한 사회의식에서 태어난 소박하고 아름다운 고도한 상징성을 지닌 민중의 시'를 최상의 시로 꼽고 있다. 이는 시의식과 시민의식이 합일되고 예술성과 현실성이 동일하게 추구되면서 '온몸'이라는 어휘가 주는 전력투구와 최선의 형식으로서의 내용이 강력한 하나의 시학으로 집약된 표현이다. 따라서 그는 여러 비평에서 예술파와 참여파의 한계를 각기 날카롭게 지적하면서 전자에서는 삶이 빠진 시의 공허함을, 후자에서는 투박한 참여의식의 개념에 기반한 시의 위태로움을 동시에 비판할 수 있었다. 또한 이같이 시의식과 결합된 시민의식은 우리 시에서 민중의식과 동일시되어 민중문학의 전사前史적인 개념이 되기도 했다. 현실 속에서 문학이 갖는 기능 혹은 힘에 대해 관심을 쏟았던 그의 이 주장은 다른 여러 글에서 반복되고 있다.

김수영의 시론에서 강하게 드러나는 또 하나의 주장은 '지식인-시인'에 대한 뚜렷한 자의식이다. 그는 시인을 선비(시 「거리1」), 사도使徒(시 「반주곡」), 순교자(시 「이 한국문학사」), 혁명가(산문 「시의 뉴프론티어」) 등으로 인식한다. 당시 모더니스트로서 겪어야 했던 전통과 근대에 대한 애증, 속도와 정지 사이의 갈등, 시와 삶 사이의 고뇌, 이상적 자아와 현실적 자아의 갈등 사이에서, 시인이란 곧 지식인적 사유를 지닌 자라고 판단한다. 그에게 시인은 일종의 사명 혹은 소명을 지닌 존재로서 '시인다운 시인'은 현실의 모순을 인식하고 역사적 전망을 발견할 수 있는 자였다. 김수영은 자신이 믿는 시인됨에서 벗어난 시인을 '매춘부(시 「바뀌어진 지평선」)'라거나 '추악한 탈'이라고 표현하면서, 그 잣대를 자신에게도 냉혹하고 엄격하게 들이밀었다. 그럼으로써 그는 시작 초기의 '포우즈'와 '멋장이'의 요소를 떨어버리고 부정과 비판의 정신과 모더니즘의 성취를 체화해나갈 수 있었다. 그의 시에서 혁명과 자유가 타성적인 일상을 깨뜨리는 시적 기호이자 열정적인 자기 각성의 수단이 될 수 있었던 것도 이같은 자의식에서 비롯된다고 할 수 있다.

물론 김수영의 현실감각과 역사인식이 그의 역사적 전망과 생래적 열정에 비해 확고한 기반을 가진 것이라고 단정하기는 어렵다. 그가 개인적 자아에서 역사적 자아로 성장하고 개인적 존재의 삶에서 소시민적 삶의 반성으로 나아가기는 하였으되, 그것이 꼭 현실과 역사적 행동의 실천에서 나온 것은 아니기 때문이다. 그의 시어들은 비장하고 치열하며 시론은 전위적이고 도전적이지만, 불온한 의지의 예술을 드러내는 그의 시가 지나치게 현학적이고 까다로운 것도 사실이기 때문이다.

그의 시에는 소명적인 의무감과 불확실한 자기 의지가 공존한다. 이에 대해 염무웅이 '김수영이 혁명을 불가능한 것으로 그리고 또 그 같은 성향의 시를 불온한 것이라 인식하는 것은 김수영이 이상론자에 가깝기 때문이다'[10]고 지적한 바 있듯, 김수영은 혁명과 시를 동경하는 만큼 동시에 그것이 실현되기 불가능하다는 것에 대해 두려움을 갖고 있었다. 지식인적 사유와 시작의 일치를 지향하던 시인은 여기서 딜레마에 빠질 수밖에 없었을 것이다. 외국문학의 세례를 받고 도시 계급의 지식인으로서 말쑥한 부엌과 가족을 거느린 현실적 자아와, 설령 구름의 파수병일지언정 스스로에게 부여한 지식인적 사명을 지닌 시인이길 지향하는 이상적 자아는, 그로 하여금 끊임없이 갈등하고 번민하게 했을 것이기 때문이다.

가령 '예술가는 되도록 비참하게 나타나야 한다. 되도록 굶고 억세고 날카롭고 모진 가시면류관을 쓰고 나타나야 한다'라든지, '시인의 스승은 현실이다. 나는 우리의 현실이 시대에 뒤떨어진 것을 부끄럽고 안타깝게 생각하지만, 그보다도 더 안타깝고 부끄러운 것은 이 뒤떨어진 현실을 직시하지 못하는 시인의 태도이다', 혹은 '우리나라 같이 완전한 언론의 자유가 없는 데에서 파생하는 역사의식의 파행을 누구보다도 먼저 시정해야 할 것은 지성을 가진 시인의 임무'라는 주장, 또한 '시무용론無用論은 시인의 최고 혐오인 동시에 최고의 목표이기도 한 것이다. 그러나 진지한 시인은 언제나 이 양극의 마찰 사이에 몸을 놓고 균형을 취하려고 애쓴다. 여기에 정치가에게 허용되지 않은 시인만의 모럴과 프라이드가 있다' 등에서 김수영이 시인의 사명에 대해 남다른 의식을 강조하고 있음을 재차 확인할 수 있다. 김수영은 시인이 지식인인가 혹은 지식인이어야 하는가에 대한 문제를 다시 진지하게 제기했을 뿐 아니라 시에서 실현할 수 있는 역사적 전망의 가능성에 대해 고민하게 했다. 그럼으로써 시는 현실로부터 독립한 미적 실재가 아니기에 문학과 삶은 다른 차원의 것일 수 없으며, 시인은 지식인적 사유를 지닌 자로서 그 사유와 시작詩作은 동일하게 추구되어야 한다는 그의 시학에 이르른 것이다.

김수영은 시와 삶, 그리고 문학과 현실을 등가等價 혹은 동궤의 것으로 인식했기에 시란 '인간적'인 의미들과 독립해 있는 존재차원일 수 없으며 문학과 현실을 동시에 끌어안을 수 있어야 한다고 믿었고, 따라서 자신의 이상과 현실이 일치하지 않을 때 비극적 인식을 벗어날 길이 없었다. 즉, 시와 삶을 합일하려고 애쓰면서 자신의 의식과 행동을 시의 대상으로 삼았으며, 또한 그랬기 때문에 한계에 부딪쳤을 때 그 화살을 자기 자신에게 돌리지 않을 수 없었다. 시는 인간의 삶에 직접 작용해야 한다는 인식 위에 자신의 시학을 세우려 했다는 점에서 그의 시론은 '시를 고급놀이로 만들려는 압력에 순응하는 시인들에 대한 경고문'11)이라는 평가를 받게 된다.

김수영의 이러한 정신은 기존의 사고를 깨뜨리는 것이기에 반시反詩적이다. 시와 삶의 합일을 통해 온몸시론을 실천해 나가는 여건을 '자유'라 인식하기에 그의 시에서 자유는 모든 시의 뿌리다. 그의 자유는 역사에 순응하거나 역사로부터 초월하는 문학이 아니라 역사를 이루어나가는 힘을 지닌 문학의 새로움과 시적 진보성에만 살아있다. 그래서 그에게 현실이라는 시간이 매순간 새로운 '혁명적 현실'이 될 수 있었던 것이다.

김수영의 시론은 역사적 정황과 지식인적 사유에서 비롯된다. 전통과 모더니즘 사이에서 겪은 갈등은 전통에 대한 애증으로 내면화되고, 타인과 공유하는 체험으로 겪은 혁명은 모던한 날렵함을 추종하던 그의 의식을 역사의식으로 선회하게 만든다. 또한, 시인이라는 존재를 지식인적 사유를 지닌 자로 인식하면서 시의 역할에 대해 고뇌하게 하는 새로운 시론을 뿌리처럼 박았다. 시와 삶, 예술성과 현실성, 예술파와 참여파, 시와 산문 등 모든 이항대립들이 김수영에게는 합일되어 온몸시학으로 집약된다. 시인으로 하여금 지식인적 사유라는 문제를 문학 속에서 인식하게 하고, 문학이 결국은 삶과 인간 그리고 사회와의 연장선상에 있는 것이며, 바로 그들이 일치하는 선상의 아슬아슬한 긴장이 곧 시의 힘이라는 역설이 김수영 시학의 요체이자 김수영 시론의 '거대한 뿌리'인 것이다.

에필로그
‒ ‘시는, 언제나 끊임없는 모험 앞에 서 있다’

김수영은 좋은 시를 두고 ‘딸깍 소리가 나는 시’라고 정의
한 바 있다. 틈과 아귀가 꼭 들어맞듯 완성된 시를 이르는 것
이다. 하지만 김수영의 시를 읽을 때 딸깍 소리가 나는 느낌은
틈과 아귀가 꼭 들어맞는 시의 완성도보다는 그의 시를 읽음
으로써 비로소 열리는 의식의 문틈에서 나는 것 같다.

김수영의 글을 읽고 났을 때 그에 대한 지금까지의 신화와
는 다른 어떤 공감을 느낄 수 있다면 그것은 시인의 고뇌가
일상적인 것들에서 시작되기 때문일 것이다. 그의 시에서 일
상의 무감각한 마비에 대한 두려움, 용렬함과 호언장담 사이
의 자기반성, 일상과 이상 사이의 고뇌 등을 따라가다가 보면,
어느 순간 그의 시가 내닫는 방향이나 올라선 정신의 높이가

내 의식을 열어젖히고 낚아채 끌어올리는 느낌을 준다. 뜨거움이나 치열함의 강도보다는 어떤 정신적인 태도 같은 것을 보여주는 것이라 할 수 있다. 김수영의 시 앞에서 긴장하거나 그의 몸짓을 닮아보려 애쓰게 되는 것, 혹은 김수영의 시를 살아 있게 하고 그의 시를 삶의 언어로 읽게 하는 힘은 여기서 비롯될 것이다.

김수영만큼 '찬양된 혹은 거절된' 연구사를 갖고 있는 시인도 드물다. 이제 그를 참여와 순수의 장력 안에서 논의하는 것은 더더욱 의미가 없다. 그의 시적 정제가 빼어난 시나 첨예한 현실과 긴밀한 시들이 늘 논의의 중심이 되어왔지만 그의 시를 전연 새롭게 읽게 하는 것은 더없이 깊고 치밀한 서정성의 시들 때문이기도 때문이다. 김수영의 시를 '원광原鑛'12) 혹은 '의미 있는 채석장'13)이라 비유한 것은 이런 뜻을 잘 드러내준다.

큰 길로 갈 때는 샛길의 맛을 모르고, 샛길로만 다니면 큰 길의 형통함을 모르는 것 같다. 김수영의 문학에 이르기 위해 이 글은 샛길을 짚어 큰길로 나아가보고자 했지만 놓친 샛길도 많을 것이다. 그럼에도 그저 함께 김수영의 시집을 즐겨 통독한다면, 우리 시대의 가장 거침없고 준열하면서 동시에 가장 섬세하고 예민한 시적 양심을 읽을 수 있을 것이다. 그리고, 김수영의 시를 읽고 나니 안온했던 일상이 조금 불편하게 느껴진다고 생각된다면 더할 나위 없을 것 같다.

주

1) 김규항, 「너에게 수영을 권한다」, 『씨네21』, 2000.4.4.

2) 최하림, 『김수영평전』, 실천문학사, 2001, pp.38-41.

3) 김인환, 「한 정직한 인간의 성숙과정」, 『김수영의 문학』, 민음사, 1976.

4) 황동규, 「양심과 자유, 그리고 사랑」, 앞책.

5) 이상옥, 「자유를 위한 영원한 여정」, 앞책.

6) 유종호, 「시의 자유와 관습의 굴레」, 앞책.

7) 유종호, 앞글.

8) 유종호, 앞글.

9) 백낙청, 「시민문학론」, 『민족문학과 세계문학』, 창작과비평사, 1969, p.75.

10) 염무웅, 「김수영론」, 『김수영의 문학』, 민음사, 1997.

11) 황동규, 「정직의 공간」, 『달의 행로를 밟을지라도』, 민음사, 1976, p.15.

12) 유종호, 앞글.

13) 황동규, 앞글.

큰글자 살림지식총서 070

김수영, 혹은 시적 양심

| 펴낸날 | 초판 1쇄 2013년 4월 12일 |
| | 초판 2쇄 2016년 11월 22일 |

지은이	이은정
펴낸이	심만수
펴낸곳	(주)살림출판사
출판등록	1989년 11월 1일 제9-210호

주소	경기도 파주시 광인사길 30
전화	031-955-1350　팩스 031-624-1356
홈페이지	http://www.sallimbooks.com
이메일	book@sallimbooks.com

| ISBN | 978-89-522-2407-1　04080 |
| | 978-89-522-3549-7　04080 (세트) |

※ 이 책은 큰 글자가 읽기 편한 독자들을 위해
　글자 크기 14포인트, 4×6배판으로 제작되었습니다.